U0030473

恰如其分的孤獨

在關係中自由進退，獨處不孤單，群處也不落寞

胡慎之——著

導讀

孤獨：不只是「人與我」，更是「我與我」的關係議題

蘇益賢
臨床心理師

本書書名寫的「孤獨」二字，談的是在茫茫人群中，我們必然會在某些時刻，突然湧上一種隻身一人的強烈感受——即便在某些時候，你被眾多好友圍繞著、大家開心相處著的時候，也可能突然感受到。

之於每個人，這種突然湧上的孤獨感，其實是個（外頭包裝著不舒服的）邀請，也是一個（如果你願意的話）自己可以對自己提問的起點。用這種角度來看這本書，我們可以說本書的意圖其實比單純談論孤獨還要更深、更廣一些。

作為導讀，本文希望能讓讀者在開啟閱讀體驗之前，能不要「暴雷」的對本書架構有基本理解，以利讀者後續閱讀時，能有既見樹又見林的視角。

精準地說，本書談的是各種「關係」。身處華人文化脈絡下，多數時候我們更常關注的是自己與他人的關係。小至朋友之間、同事或上司之間，進一步則涉及了你與家人間的關係，大至親密關係，亦即你與情人之間的關係。

儘管有著這麼多種關係的變化，作為關鍵的本書開頭想邀請讀者思考的，卻是一種更基礎、但時常被忽視或遺忘的關係——你與自己的關係。你如何定義自己、如何看待自己、如何對待自己、如何接納或不接納自己……諸如種種提問之下的作答區裡，你會寫些什麼？在你回答之後，你是否曾對「你寫下的答案是怎麼來的這件事」感到好奇？同時，你是否相信剛才寫下的這些答案是有機會被改寫的？

在思考孤獨、思考自己與他人的關係之前，釐清「自己與自己」的關係，更是作者訓練背景——精神分析、客體關係等理論——所重視的。讀者在整本書裡，都能透過作者自身經驗、案例故事、概念闡述，以及書中搭配的「自我探索練習」，用一種更容易理解與反思的方式，試著去思考各種與關係相關的議題。

從自己出發後，緊接著，作者帶領我們去觀察：這樣的自己，是如何與他人互動的？第二部論述的忽視、討好、討厭、嫉妒，一樣是一種邀請讀者溫柔地「反求諸己」的練習。在有了一些「知己」的基礎之後，作者才在第三部將視角延伸到「知彼」，去談論關係中的各種衝突：安全與控制、獨立與依賴、自己自足與被照顧等各式衝突。

有了這些對關係的再思考後，我們終於可以來碰觸孤獨這個議題。讀者能透過第四部重新理解與認識孤獨。好比：孤獨原來有分類型、孤獨背後的心理狀態、為何有時「變得孤獨」是一種刻意的選擇？是出自過往的自己那顆曾受傷的心，為了保護自己而採取的作為？同時，我們如何去判斷不同情境之下的社交狀態對自身的影響？在什麼時候又該退場，勇敢擁抱孤獨？對孤獨議題感興趣的讀者，都能在這些篇章中獲得許多觀點與見解。

最後兩部話鋒一轉，作者又再次帶我們從外往內走，邀請讀者回到自身，從基本功，也就是以自我接納作為核心基礎，建立一段和自己健康的關係做起，來當作多數關係議題的處方。

作者胡慎之老師專精關係議題，本身亦為精神分析治療師。讀者可在閱讀本書過程中，看見胡老師帶著豐富的實務經驗與背景知識，陪我們將孤獨這看似習以為常，卻往往比我們想像得還要深刻的議題，進行細膩的拆解與分析。

胡慎之老師在樊登說書的〈作者光臨〉節目受訪時，有兩個小片段讓我印象深刻。其一是，主持人樊登首先提問：「什麼是『恰如其分的孤獨』？」作者當時的第一句回應是：「我把它理解為『一切剛剛好』。」其二是，樊登曾在節目上向胡老師建議：「我讀完您的這本書後，想要提個關於章節編排的小建議，原本的第四部應該放到第一部的位置，因為第四部叫『重新認識孤獨』。」

但在閱讀完本書、試著理解本書架構之後，我們或許可以理解作者這樣安排背後的用心與想法。儘管孤獨看似是種「人我關係」的議題；但到頭來，所有的關係，都脫離不了「自己與自己的關係」。

祝福讀者能藉由本書的引導，反思孤獨、整理自己，並且找到那適合自己的「一切剛剛好」：剛剛好的社交、剛剛好的孤獨、剛剛好的自己。

目錄

CONTENT

Part 2

如何看待他人

Part 3

重新面對衝突

Part 4
重新認識孤獨

Part 5
真正的自我接納

Part 6 心靈的慰藉

前・言

孤獨，是個偽命題，是個自相矛盾的概念。

在精神分析的視角下，除非你的內在有恆常穩定的客體*，否則你無法抵達孤獨，或者說安於孤獨。但孤獨本指獨自一人，若是有了這樣一個內在客體的存在，孤獨又何以成為孤獨？

這段話讀起來有點拗口，也似乎有些哲學的味道，但這並不是一本哲學書，而是一本心理學讀物。所以，下面我來試著解釋一下上面這段話：人之所以能夠忍受孤獨，主要得益於在童年時獲得了父母的積極照料，擁有如此體驗的人最終會將這些照料內化為對自我的關愛與陪伴。

比如生活中你會看到一些照顧洋娃娃的孩子，他們會給洋娃娃穿衣餵飯，「哎呀，你冷了，那我給你蓋被子」、「哎呀，你生病了，那我帶你看病打針」……這樣的行為呈現，就代

---

*編注：「客體」（object）相對於「自體」（self），是我們賦予情感的對象，可以是某個人、事物或意識形態，「內在客體」則是我們心中對這個客體的內在表徵，也就是我們對這個客體的想法、感受或記憶。

表這個孩子的內在已經有了一個照顧自己的客體出現，她正在將她媽媽和她的關係呈現在她和洋娃娃的關係上：在我照顧洋娃娃的那一刻，我是一個好媽媽，而洋娃娃是那個曾經被媽媽照顧的自己。

你可以觀察一下，一般來說，媽媽如何對待自己，孩子便會如何對待洋娃娃。再往後發展，孩子對待洋娃娃的方式，也會成為孩子對待自己的方式。若是孩子長大成人有了自己的孩子，那麼這個方式也會成為她對待孩子的方式。如此傳承下去，若是未經覺察和改變，這些無形的方式會像傳家寶一樣一代代傳承下去。

很多時候，我們無法抵達恰如其分的孤獨，是因為我們一直想尋找一個好的客體來彌補曾經的缺失。我們糾結於過去，緊攥著曾經經歷的一些創傷或痛苦不肯放手。

精神分析學家佛洛伊德曾說：「未被表達的情緒永遠不會消失，它們只是被活埋了，有朝一日會以更醜陋的方式爆發出來。」這裡的「未被表達的情緒」，背後藏著「無法接納的過去」。

我們缺乏對過去的表達，缺乏被看見，被理解，被接納。所以我們拒絕擁有過去，但同時也很難擁有未來，於是我們時常感到孤獨，又時常想迴避孤獨，無法享受孤獨，無法抵達孤獨。

這也正是我研究關係心理學、從業心理諮詢師的初衷：當我們能夠在一段關係中，被一個鮮活的客體接納與鏡映，我們便能擁有前行的勇氣與力量。我的另一本書《走出原生家庭》

的封面上寫著一句我很喜歡的話：「原生家庭帶給你的是創傷還是禮物，取決於你的選擇。」當有一天我們不再選擇與過去糾纏，我們就獲得了自由，就擁有了未來，就學會了善待自己，就獲得了開篇所說的那個恆常穩定的客體。

這本書裡有很多關於我自己的故事，也有很多我陪伴他人重新擁抱過去的故事。或許你也能從中看到自己的影子。

像所有傳家寶一樣，如果我們都能在自我探索的路上覺察與調整，並獲得積極照料自己或他人的能力，那將是整個家庭的幸事，甚至是人類的幸事。

此書部分內容來自我直播課的分享，言之甚少，遠不足以成為系統的知識類讀物，更無法承諾讀後有療愈效果；但若能偶爾引你拊髀深省，那將是我的幸事。

願你此生能擁有恆常穩定的他人，也願你能成為別人心中恆常穩定的他人，終究有能力抵達恰如其分的孤獨。

最後，感謝李蕊君女士、光塵及出版社的編輯老師們為此書做出的巨大貢獻。

Part 1

如何看待自己

1 你對自己的定義，決定了你的關係

我是誰

我曾在網路上收到過一個網友的留言。她和我說，她覺得自己非常差勁，在和朋友聊天、相處的時候，總會刻意表現得很幽默，特別擔心別人覺得自己無趣、木訥，小心翼翼地維護每一段關係，唯恐其破裂，這也使得她常常在關係中感覺精疲力竭。

其實很多人都會有這樣的困擾，我們時而自我懷疑，時而自我否定，甚至有時候會認為自己一事無成，自卑乃至自暴自棄。我們無法欣賞自己，卻看到別人滿身光環。也是因為這樣，很多朋友都會來找我尋求說明。作為一名心理工作者，我問他們的第一句話經常是：「你覺得自己是一個什麼樣的人？」

通常這個問題，會出現三種答案。

第一種，對自己有清楚的認知，但對自己並不滿意，所以感覺很痛苦。比如在網路上給我留言的網友，她認為自己是一個無趣的人，「幽默」則是被人喜歡的標準，所以她對自己不滿意，又在勉強自己幽默，在討他人開心的過程中倍感壓抑。

第二種，對自己的認知不準確，且在一個錯誤的自我定位上越走越遠，因此感覺非常迷茫。我年輕的時候，非常喜歡交朋友。每次大家一起出去吃飯時，我總是搶著結帳。後來有一段時間，我的經濟狀況不是很好，朋友再約我吃飯時，我就會以各種理由拒絕。有一次，我們聊天時無意中說到這個事情，朋友說笑道：「那時候你沒有把我們當朋友，認為我們只是找你白吃白喝的人吧。」我瞬間就意識到，那時候我總是把自己定義成願意慷慨付出的大哥，而將他們定義成需要我保護照顧的弟弟。

第三種，在不同的人際關係中，對自己的認知與定位都不同，因此感覺很困惑。想像一下，我們身邊有沒有那種在家人面前扮演一個索取者的角色，而在職場或與朋友的社交中充當一個付出者，百般討好，生怕行差踏錯。

自我探索練習

在關係中，你是付出者還是索取者？試試以下這個測試。

請將身體調整到最舒服的姿勢，然後把眼睛閉起來，首先想像你身邊有一個人，他可以是你的朋友、伴侶、家人、同事等任何一個人。當這個人出現時，你可以跟他打個招呼，然後邀請他和你背靠背站立。站好後，將你們的兩側手臂與對方交叉。接下來，你向前彎腰，用臂力和背力背起對方，背時注意站穩腳跟，被背的人要雙腳離地。體會一下此刻你的感覺，記住這種感覺，隨後回到站立狀態。邀請對方做同樣的動作，體會一下此刻的感覺，記住這種感覺。

接下來，請根據我的描述來判斷：

在你背起他人時，如果你的感覺是積極肯定的，比如感覺自己是有能力的、有價值的，那麼在這段關係中，你是有為對方提供價值的；如果背起他人時，你感覺有些累但還能承受，那麼這段關係的存在，有可能讓你感覺到一些壓力；當這種累再重一些，甚至讓你有點喘不過氣，但你還在硬撐，並且時不時會有些抱怨，那麼在這段關係中，你可能是一個忽略自己的付出者。

在你被他人背起時，如果你的感覺是好的，比如能夠很放心自如地讓自己躺在對方身上，那麼在你們的關系中，你對對方是信任的；如果被背起時你很不自在，比如擔心自己會不會太重，會不會壓到對方……等等，那麼在這段關係中，你可能是不那麼善於接受對方付出的人；如果背起之後，對方雖然表示能承受，但你還是擔心自己會給對方添麻煩，那麼在這段關係中，你可能是經常自我否定的人，甚至有時候會產生不配得感；如果背起之後，對方明顯表現出力氣不夠，無法承受，可你還是想要對方穩穩地把你背起來，比如提醒對方「站好，站好」，那麼在這段關係中，你可能是一個忽略對方的索取者。

電視劇《武林外傳》中，有一集呂秀才問姬無命：「你是誰？姬無命嗎？這只是一個名字，一個代號。你可以叫姬無命，我也可以叫姬無命，他們都可以。把這個代號拿掉之後呢？你又是誰？」可見，就是這樣一個簡簡單單的「我是誰」的問題，就會讓絕大多數人思考良久。

事實上，我們對自我的認知，源於我們在生活中對自己角色的定義。我從「獲得」與「付出」兩個角度勾勒出了人際關係象限圖。

通過觀察下頁的人際關係象限圖，我們可以迅速找到自己在關係中扮演的角色。角色無分好壞，無關對錯，它只是認知自我的一種工具，而不是為了評判自己或者他人。事實上，在不同的關係中，我們的角色也可以不同。比如在家庭關係中我們可能是依賴者，而在職場中我們則是照顧者。

依賴者的特點是控制、焦慮、恐慌。他們如菟絲花一樣，總是需要攀附別人才能生長。他們為了緩解自己的焦慮與恐慌，經常用強調自己付出的方式來試圖控制對方，在這個過程中給對方帶來無盡的壓力。就像有的父母隔三差五就和孩子說：「為了你的學習，我付出了很多的精力、時間和金錢，所以你一定要出人頭地，一定要孝順。」

孤獨者的特點是疏離、匱乏。他們似乎只活在自己的世界裡，對其他事物都不感興趣。

他們偶爾也會渴望社交，但當發現自己無法應對外部的壓力和變動時，他們就會縮回自己的世界，以封閉的姿態保護自己，很多「社恐」患者都是這樣。

照顧者的特點是迎合，他們是價值提供者和痛苦療癒者。他們一方面無原則地付出，照顧他人的方方面面；一方面像個開心果一樣，想要拯救他人的不開心，對他人的情緒負責。

最後一種就是自在者，自在者的特點是合作、共贏。這是一種最理想的，也是彼此之間感覺最舒適的關係狀態，自在者的付出和獲得成正比，在關係中感覺美好而自在。

核心價值感與自我定義

諮詢室裡，很多來訪者是帶著對關係的困惑找到我的，他們說自己無法做到在關係中坦然地做自己，非常在意他人的評價，希望他人對自己表示肯定，會

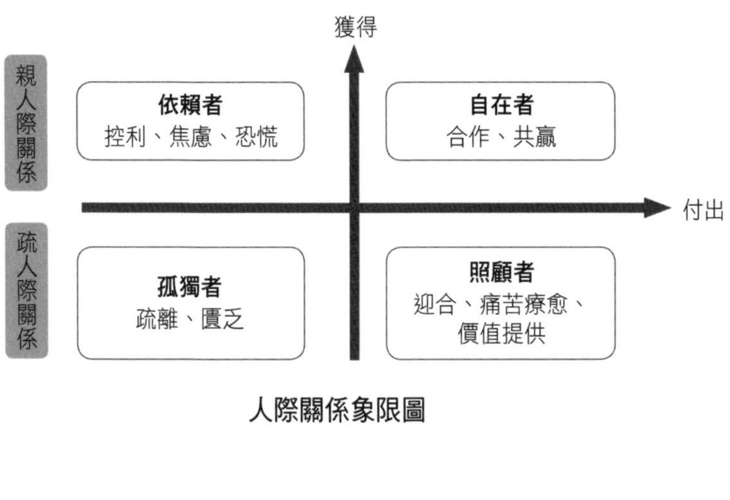

人際關係象限圖

因為他人的負面評價而情緒低落。

事實上，這是因為我們內在的核心價值感出了問題。

什麼是核心價值感？核心價值感可以理解為你賦予你的生命以何種意義——你如何看待自己的生命、如何定義自己的人生、你認為自己是誰。

一個人的核心價值感主要包含四點：存在感、價值感、歸屬感和掌控感。

◇存在感

所謂存在感，就是被重要的人重視的感覺。比如公司的老闆特別器重我，每天我來到公司，老闆都主動跟我打招呼，所有的同事都喜歡我。那麼，我在這個公司就能體驗到非常強烈的存在感。

在親密關係中，存在感尤其重要。有些媽媽總是喜歡做一個利他的、犧牲自己滿足孩子一切要求的好媽媽，不需要孩子幫她做任何事情，即使是一些孩子力所能及的事情，媽媽都不允許孩子做。長此以往，孩子的自理能力不僅得不到鍛鍊，還會認為自己對媽媽、對家庭來說是不重要的，他感覺不到自己的存在。

相反，還有一種媽媽，孩子過來幫她捶背，她會很高興地接受，接受的同時還會給予孩子一句鼓勵：「媽媽好開心，寶寶竟然會幫媽媽捶背，這種體驗太美好了！」這是媽媽對孩子的成全，媽媽看到了孩子的付出與成長，孩子也因此感受到存在感。

◇價值感

每個人都需要價值感，簡單地說，價值感是人們感受到自己被需要、被重視。我的朋友老劉，在退休後過上了無拘無束的生活。這本來是老劉一直期盼的，但他忽然發現這種感覺並不是他想要的。沒有了以前上班時的忙忙碌碌，也不用再辛苦工作，他卻倍感空虛起來。不僅晚上失眠，而且他的情緒也變得很糟糕，脾氣暴躁，動不動就發火，每天愁眉苦臉，人也憔悴了很多。其實他心裡知道，這都是退休惹的「禍」。雖然不用繁忙勞碌了，但也感覺不到自己的價值了。直到他開始早晚接送小孫子上下學，精心給小孫子準備早晚餐，才又容光煥發，好像回到了年輕的時候。

很多時候，不僅他人對我們的肯定和褒獎能讓我們產生價值感，我們對自己的積極認同也可以讓我們獲得價值感。當我們感覺自己不再需要他人給我們帶來價值體驗時，我們就擺脫了一個巨大的外界評價系統帶給我們的壓力，可以更加清楚地分辨他人對我們的評價和我們對自己的評價是否相同、區別在哪，從而形成更透徹的自我認知。

◇歸屬感

歸屬感是指個人被他人或團體接納時的感覺。每個人都害怕孤獨與寂寞，希望自己能融入某一個群體，並從這個群體中獲得愛與幫助。

美國著名心理學家亞伯拉罕・馬斯洛（Abraham Harold Maslow）在一九四三年提出的需

求層次理論中的第三種需求就是「愛與歸屬的需求」，結交好友、追求愛情都屬於「愛與歸屬的需求」。我們只有一步步滿足底層需要，才有可能達到自我實現。缺乏歸屬感，則有可能增加患憂鬱症的機率。心理上獲得安全感和歸屬感，代表著他人和群體對自己的認可與接納，可以讓我們減少甚至消除孤獨的感覺，享受他人給予的溫暖。

◇掌控感

掌控感對我們來說也至關重要。掌控感是指我們對生活、工作、未來發展等掌控的能力。許多研究表明，更強的掌控感可以在一定程度上緩解壓力，愉悅身心，增強自我認同。很多時候，一些看似輕而易舉的事情卻可以幫助我們提高掌控感，比如養寵物、料理美食、整理房間、製作旅行攻略等。

當我們能夠覺察和釐清自己這四種核心價值感後，我們對「我是誰」這個問題的理解也將更加深刻。

與自己和解

現在很多人都在講「和解」這個詞——和原生家庭和解、和父母和解……然而，想要做到真正的與自己和解，其實並沒有那麼簡單。與自己和解，不是最終的目的，而是我們發展

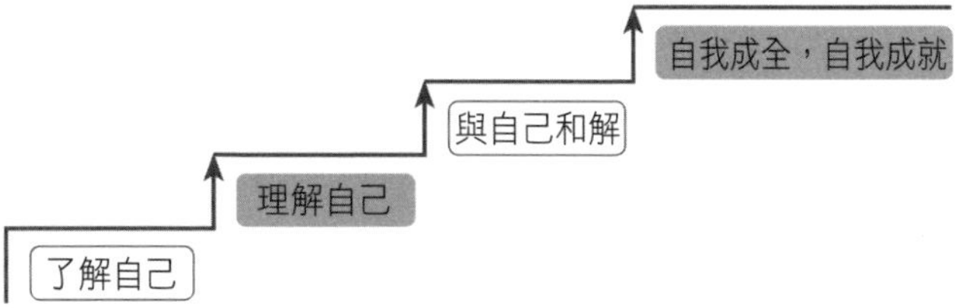

自我和解的過程

自我的一環，它通常是從瞭解和理解自己開始的。我有一個案例想和你分享。

有一個女兒因為沒能好好照顧患了癌症的母親，沒能在母親臨終時見到最後一面，一直感到自責和愧疚。兩年的時間裡，她一直處於抑鬱和悲傷的情緒中不能自拔，她認為母親的去世，與自己沒能將母親接到身邊來照顧是有關係的，她總是和我說：「媽媽的去世都是因為我沒能好好照顧她。」這種心理被稱為倖存者內疚。

倖存者內疚是說一個人認為從創傷事件中倖存下來的自己是有過錯的。他們會因為自己倖存而感到困惑和內疚，甚至寧願自己也遭遇不幸。

我和她解釋說：「你母親去世並不是因為你，而是因為疾病，是疾病奪走了她的生命，你再如何細心照料都無法挽留她。我理解你的內疚感，母親的離世讓你感覺悲傷和痛苦，這種分離讓你把所有責任都歸咎於自己，可是如果媽媽的在天之靈能看到你，她會希望你如何生活呢？」

她哭著說：「我沒有媽媽了，我沒有媽媽了。」

沉默許久，她又接著說：「但如果媽媽在天上能看到我，她會希望我能好好活下去，享受自己的人生。」

從這個案例中，我們可以看出這個女孩自我發展的整個過程。首先，她瞭解了事情的真相，即媽媽去世是因為疾病，而不是因為自己照顧不周。然後，她理解了自己的感受，那是一種失去的感覺，親人的離世讓她感覺悲痛難過。通過我們的交談，她逐漸接受這個事實，並與自己和解。和解之後，她內心生出了新的信念：「我要好好地活下去，也就是自我成全與自我成就。」

這整個過程可以通過右頁的圖來解釋，瞭解自己↓理解自己↓與自己和解↓自我成全，自我成就——這是一個循序漸進的過程，只有完成了上一步，下一步才可能發生。這也是很多人明明懂了許多「和解」的道理，卻還是做不到「和解」的原因。

2 在關係中，你屬於哪種模式

什麼是「自我模式」

我們可以先來想像這樣一個場景：

你有一個好朋友，有一天他忽然向你介紹一款產品，並極力建議你購買，這時候你的反應會是怎樣的？

如果你還沒有思考好，那麼我們可以一起先看看以下幾種人的反應：

小A：向朋友提出了一些關於這款產品的問題，想詳細瞭解一下。

小B：有些猶豫不決，拿不定主意，所以拒絕回應，假裝沒看到。

小C：直接拒絕了朋友的推薦，並封鎖了他，認為以後要和這個朋友保持距離，擔心自己吃虧。

小D：拒絕了朋友的推薦，但拒絕後提醒朋友這款產品的投資回報率是不合理的，要多加注意。

小E：雖然他也拒絕了朋友，但心中總是覺得過意不去，反復想著：「他那麼困難，做點生意也不容易，還有孩子要養，我拒絕他是不是錯了？」

小F：礙於面子，接受了朋友的推薦，購買了產品，即使這款產品小F並不需要。

小G：評估了以後認為自己不需要這個產品，把這款產品介紹給了他認為需要的人。

不知道從上述的幾種反應中，你是否能夠找到自己的影子，可能你也會有不同的答案。我們發現，不同的人面對同一件事情時會有截然不同的態度，這種面對關係的態度被稱為「自我模式」。

自我模式其實是一種生存策略，它和我們所說的自我定義是雙向影響並塑造的。也就是說，自我模式會影響自我定義；反過來，自我定義也同樣會影響自我模式，它們是作用與反作用的結果。

自我模式這種生存策略並不是與生俱來的，而是根據童年早期其他家庭成員，比如父母、兄弟姐妹等對待我們的方式，以及我們對這些方式做出的回饋而形成的。我們身處這種由養育者塑造的環境中，日復一日地塑造自我形象和自我模式。自我模式沒有好壞之分，它是在我們擁有了清晰的自我定義之後，幫助我們應對環境的一種策略，一旦形成，就會延續下去，成為我們日常生活中待人接物的常用模式。

總的來說，自我模式是我們基於與養育我們的人的互動所形成的一套生存策略。

「自我模式」的分類及各自特點

根據對方地位的重要程度和自己地位的重要程度，我們可以將「自我模式」分為四類（見自我模式象限圖），分別為控制模式、成全模式、疏離模式和順從模式。

控制模式中，人與人之間總是存在競爭的關係。處在控制模式中的人，總是會產生要贏過他人的欲望，即使是微不足道的小事也要比他人強。在公眾面前，更是要確保自己閃閃發光，讓所有人的目光都集中在自己身上。他們還有可能物化他人，在內心中把別人都當作實現自己目的的工具，無用的人被其視如無物，有用的人則被其揀選為他們人生大廈的一磚一瓦。控制模式雖然能讓我們實現利益的最大化，但在極度利己的同時卻放棄了個人的自我成長。

成全模式與控制模式不同，在成全模式下，我們和任何人相處時都會感覺友善而平和。別人誇我們的時候，我們會說謝謝；別人送我們禮物的時候，我們會開心地接受，並在未來某一時刻也回饋對方。我們願意付出愛，也樂於接受愛。當與他人合作時，我們可以看到對方的價值，也能夠發現我們自己的價值。我們不會理想化對方，把對方想像得完美無缺，也

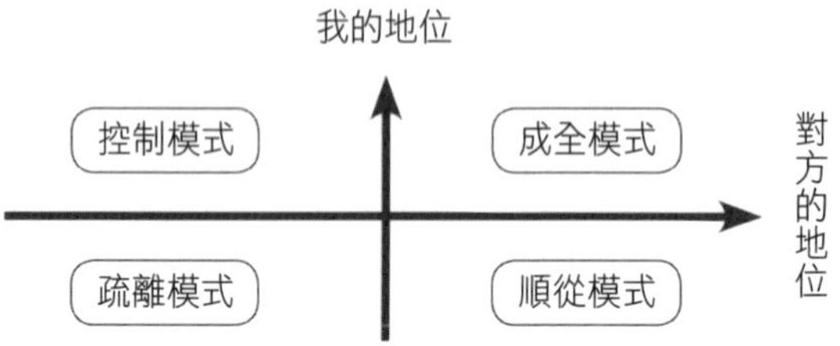

自我模式象限圖

不會故意貶低對方；同樣，我們也不會故意誇大或矮化自己。成全模式又被稱為雙贏模式，無論是從情緒價值出發，還是從利益價值出發，彼此都有付出，雙方也都能獲得回報，實現雙贏。

絕大部分迴避社交的人的自我模式都是疏離模式，類似於「井水不犯河水」的感覺。處於疏離模式的人認為關係應該樣本化，比如對待主管是一套樣本，對待同事是一套樣本，所有人都是泛泛之交，即使雙方存在關係，也非深厚的關係，不會存在情感糾葛。處於疏離模式的人對關係充滿著不信任感，不相信任何人，甚至也不相信自己，對待關係更多的是一種「我不麻煩別人，別人也不要麻煩我」的態度。疏離模式也叫作迴避模式，這樣的模式雖然避免了我們在關係中受到傷害，但也享受不到關係給予我們的滋養。

在順從模式中，我們更重視他人的需求勝過自己的需求，這就意味著我們總是優先顧及他人的感受。他們可能是對我們有利的人，也有可能是與我們對立的人，但無論是哪種人，當我們要去服從或順從他們時，在我們心中對方已經與我們對立了。在這種模式下，我們為了避免衝突，會選擇充當「老好人」的角色，這個角色本來會給我們帶來一定的補償，但由於在關係中我們會因自己付出較多而深感不平衡，反而有可能會站在道德制高點上，對他人產生抱怨。

我們已經瞭解了四種自我模式的特點，那自我模式和自我定義又是如何相互影響並塑造的呢？

如果將自己定義為依賴者，那我們會更多地使用控制模式。這種模式不能帶來雙贏，也無須花費太多精力和時間考慮對方的感受，只會習慣性地從對方身上攫取利益，物化對方，發展自己。這樣雖然能使我們的利益最大化，但我們要放棄人格的獨立與完整，去依賴另外一個人，這不僅會讓我們對關係的變化很敏感，也會使對方感到壓力和不適。

還記得《小王子》中小王子養的那一株玫瑰嗎？小王子每天都會給玫瑰澆水，還給玫瑰套上了防蟲的玻璃罩，但玫瑰的各種要求和做法，令小王子越來越痛苦，最終離開了B612星球。玫瑰一直認為，每件事都符合她的意願才是真正的愛，這種以愛之名的情感勒索會令對方窒息。

如果將自己定義為自在者，那我們可能更多地使用成全模式。這種模式會為我們與對方帶來雙贏，但可能需要我們做出一些讓步或妥協，這裡的讓步或妥協不存在委屈和埋怨，而是我們看清了利弊後主動做出的選擇。這樣的關係使我們感覺舒適和自在。

在親密關係中，我們就需要這種成全模式。一味地控制或是一味地順從都不可取。美國心理學家蓋瑞·巧門（Gary Chapman）在他的著作《愛之語》（*The 5 Love Languages*）中曾提到：愛需要五方面的內容，分別是肯定的言詞、精心的時刻、接受禮物、服務的行動和身體的接觸。總結起來就是，愛是一種成全，對自己和他人的成全。

如果將自己定義為孤獨者，那我們可能會更多地使用疏離模式。這讓我們感到安全，不用在關係中承擔責任，也避免在關係中受到傷害，但無法使我們獲得關係帶來的滋養。雖然我們一直將自己定義為孤獨者，但是不是有那麼幾個瞬間，我們也希望有個人能陪在身邊，對親密關係也會有渴望呢？

之前有個網友和我聊天，說他每天工作都很辛苦，有時候下了班部門還要聚餐。本來上一天班就很累了，自己和其他同事之間的關係也只是點頭之交，下班後就希望快點回家歇一歇。但所有同事都去，迫於壓力，自己也不得不去。聚餐中的社交讓他感覺疲憊不堪，回到家真的一點力氣都沒了。他還是希望自己有更多獨處的時間，可以偶爾參加一些社交活動。我們可以看出，他就是典型的疏離模式。

如果將自己定義為照顧者，那我們可能會更多地使用順從模式。這種模式不像成全模式一樣能為雙方帶來雙贏，但能讓我們更加深刻地感受到自己的價值。「老好人」的角色讓人們容易占據道德制高點。比如明明已經無力撫養，卻還無限制地收養流浪貓狗的老人、跪下來懇求企業家捐錢幫助別人的人……似乎都是在不合理地犧牲自己，滿足他人。這種病態的利他行為只是用一種極端的方式來獲得自我價值體驗和虛無的滿足感，並不是真正值得我們學習的大愛和善良。

現在我們試著分析一下前文例子中的每個人屬於什麼樣的自我模式，我們也可以審視一下自己的反應，判斷自己的自我模式是哪種。

小A向對方瞭解了更多的產品資料，說明他很在意他的朋友，願意與他人合作和成全他人；小D雖然婉拒了產品，但會提醒朋友注意投資回報率不正常，擔心朋友上當、違法；小G評估後發現自己不需要，轉而把產品介紹給了他認為需要的人，可以看出他們三個都屬於成全模式。

小B假裝沒看到消息和小C封鎖對方，是讓自己在關係中減少壓力或者避免受到傷害，這種做法屬於疏離模式。

小E雖然拒絕了對方，但又於心不忍；小F礙於面子與關系，買了自己不需要的產品。他們都屬於順從模式。

自我模式雖然不分好壞，但可以決定我們關係的品質、遠近、在關係上需要花費的精力，以及從關係中獲得的物質或精神上的好處等。

「自我模式」的轉化與並存

有些人會感到迷惑：我在工作中是一個成全模式的人，在生活中卻是一個疏離模式的人，而在親密關係中又變成了一個順從模式的人，這是為什麼呢？其實，這和自我定義同理，不同的自我模式在一個人身上可能會同時存在，也可能會相互轉化。比如：一個在職場中乖巧聽話的女孩，在情侶關係中卻喜歡一味地控制男朋友；或者一個疏離模式的人，當他感到對方對自己非常重要時也會選擇順從。

一般來說，每個人都有一個主模式，當我們帶著這個模式去跟他人建立關係或深入發展一段關係時，我們內心就會產生各種各樣的衝突，隨之而來的就是各式各樣的結果。那麼這些結果指向什麼呢？其實就是我們對於這段關係的結論或定義。比如：一段關係對我們來說是有用的、滋養的，那麼我們就願意讓這段關系一直持續下去，甚至可能會因為這段關係來調整自我模式；也有可能一些關係讓我們感覺消耗或糟糕，就像一個主模式是控制模式的人，強迫他順從，對他來說是種煎熬，他有可能會選擇結束這段關係。

「自我模式」如何影響人際關係

我們使用不同的自我模式，就會相應地建立起不同的關係，從而在關係中獲得不同的體驗——可能是積極的體驗，也可能是消極的體驗。自我模式就如同肌肉記憶一樣，不需要思考就會發生，是一種純粹的內在模式的反應，它無時無刻不影響著我們，甚至會變成刻板印象。

一個女孩子如果始終帶著「男人沒一個好東西」的偏見，那是不是所有男人在她的心中都不配有姓名？無論這個男人是高是矮、是胖是瘦、性格是好是壞，他都只是一個「不是好東西」的男人。如果她帶著這種模式進入關係，無論對方如何展現自己的善意和優點，都會被她解讀為不懷好意。

所以，如果我們無法正確認識自己的自我模式，就會無數次獲得同樣的結果。就像很多人納悶為什麼自己總是遇到騙子、為什麼自己的感情總是坎坷波折，其實就是因為每個人的自我模式決定了人際關係呈現出來的狀態，以及這段關係的最終結果。

因此，有清晰的自我定義、瞭解自我模式，這對我們來說至關重要，它能夠使我們擁有更適合自己的人際交往方式，進而在人際關係中獲得我們看重的東西。

3 瞭解真實的內在自我

你真的瞭解自己嗎？

曾經在網上看到蔣勳老師講詩的影片，詩名叫〈玉台體〉。裡面講一個女子的故事，她的丈夫經常不在家，所以她從來不梳妝打扮。有一天，她家裡出現了一隻喜蛛，她知道是丈夫要回來了，於是開始認真梳妝打扮，等待丈夫回家。詩中有一句「鉛華不可棄，莫是槁砧歸」，「鉛華」是抹在臉上的粉，「槁砧」則代指丈夫。此句便是女子為了迎接丈夫歸來而盛裝打扮的意思。

這讓我聯想到「女為悅己者容」這句話，它背後代表的就是對他人評價的在意，要讓別人喜歡自己，就需要精心妝扮。我還看過一種相反的說法——「女為己悅者容」，意思是說，我在意是因為我喜歡，別人愛怎麼想就怎麼想。從「悅己」到「己悅」，兩個字顛倒了順序，代表的是兩種完全不同的心理狀態。

你有覺察過自己的心理狀態嗎？你有瞭解過自己做某件事背後的動機或動力嗎？如果你的答案是有，那麼恭喜你，你對自己是好奇的。一個對自己好奇的人，人生是不會無聊的。如果你的答案是沒有，也沒有關係，因為你能打開這本書，看到這句話，就代表在你身上「對自己好奇」這件事情已經在發生了，可能你還沒有意識到。我很喜歡曾奇峰老師對精神分析的一個解釋，他說：「精神分析是把一個人重新介紹給自己的過程。」所以這一篇，我們從「如何瞭解自己」開始。

你瞭解自己嗎？這個問題可以分成三個方面。

◇瞭解自己的身體

你瞭解自己的身體嗎？有人說，當然瞭解，我每年都體檢。也有人說，肯定瞭解，我對自己可好了，只要身體不舒服，哪怕打了個噴嚏，都會馬上去看醫生。但事實上，這些照顧身體的行為，並不等同於對自己身體的瞭解。精神病學的診斷中有一個症狀叫作「疑病妄想」，患者會懷疑自己患了某種疾病，四處求醫做檢查，即使醫學驗證其沒有疾病，患者也會認為是檢查出錯，而不是自己沒病。

不難發現，這種懷疑自己生病而反復檢查的狀態，應該不算是愛護自己的身體；還有一些人稍微有點不舒服就去看醫生，哪怕醫生每次都說「沒有大礙，不用過度擔心，注意休息」，但他們依然不放心，不去就很不舒服，這種對身體的愛護，更像是一種「假性愛護」，他們忽略自身的免疫系統，忽略醫生給的建議，對就醫有近乎執著的「依賴」。

什麼叫依賴？很多老年人有吃保健品的習慣，但一些虛假宣傳的保健品對身體不僅沒有好處，有的甚至有害。近幾年，保健品詐騙屢見不鮮，老年人被哄得團團轉，口袋裡的錢流水一般花出去，但毫無成效。即使是這樣，很多老年人還是喜歡購買，還是喜歡吃。

可能有人會說，這是因為這些老人太孤獨了，在他們生命的最後階段，只要有人能夠陪伴他們，他們就會充分信任對方。但這只是其中一個原因，另一個更主要的原因是，購買保健品源於他們對外界、對他人有一種依賴感。就像我們小時候去醫院一樣，可能更多的不是依賴藥品或醫生，而是喜歡被醫生照顧的感覺；等到我們成年，對自己的身體有一定瞭解，感冒時我們可能會吃感冒藥、多喝水，觀察兩天，如果沒變好再去就醫。對大多數成年人來說，被醫生照顧這件事，是發生在自我照顧之後的。

而這些老年人又是什麼情況呢？這些老年人年輕的時候，很少照顧過自己或被別人照顧過，而更多是去照顧別人。所以，越是這樣的老年人，就越渴望被別人照顧。看病的醫生就扮演了這樣一個照顧者的角色，吃藥就是被照顧的需要。過度頻繁地看醫生，是將自己愛護身體的責任交給了醫生，希望醫生為自己的健康負責。雖然經常做檢查，注重養生，但這絕對不是瞭解和愛護自己身體的表現。

那麼，我們應該如何瞭解自己的身體呢？試著問問自己：

我是否知道自己的身體喜歡什麼味道、什麼食物？當舌尖觸碰到酸甜苦辣鹹等味道時，我的身體是什麼感覺？哪種味道能讓身體擁有美好的感受，哪種味道會讓身體感到不適？哪種食物能緩解思鄉之情，哪種食物能減輕我當前的焦慮？吃多少食物肚子會感覺撐？每天睡多少小時可以讓我精神飽滿？感冒前期身體會有哪些症狀？怎麼做會好受一些？家中會儲備哪些常用藥？生病時身體處在怎樣的姿勢感覺最舒適？……這些關於自己身體的知識，都是需要我們日常去覺察和收集的。

此外，瞭解自己的身體還包括對身體進行有意識的訓練。掌握自己身體發展的規律，會讓我們更有掌控感。我很喜歡健身，經常做重訓，有一段時間，我的一位同事也想健身，所以我每天都帶著他去健身房鍛鍊，可是過了一段時間，他不但沒有減脂減重，反而變得很疲憊，長期沒有效果讓他變得非常自責。後來，他放棄重訓，改去游泳，結果不到一周效果就非常明顯。這讓我發現，原來重訓對我是輕鬆而有效的方式，而游泳這種有氧運動則是更適合他的方式。找到自己身體更適合的運動方式，能夠讓減脂這件事不再痛苦，而且事半功倍。所以，你瞭解你的身體更喜歡哪種運動嗎？

或許有人會問，為什麼要鍛鍊身體，為什麼要運動？我的健身教練也曾經問過我這句話，我當時的回答是「我希望在我老年的時候能少一點身體上的病痛」。而隨著健身習慣的培養，我越來越覺得，運動其實就是在培養自己照顧身體的能力。

你在多大程度上照顧自己的身體，你就有多大能力改變自己的身體。

我很敬佩防疫專家鐘南山教授，他已經八十多歲了，依然能夠在抗疫一線貢獻自己的巨大力量。他熱愛運動，每天都打籃球、跑步、做單雙槓……從他每天的日常中，我們能感受到他整個人積極的生命狀態。

依賴就醫、依賴藥物、依賴他人等依賴行為，會讓我們變得被動。比如我想減脂，可以選擇運動，也可以選擇吃減肥藥。為什麼很多減肥藥沒有效果，也可以賣得很好？就是因為我們都渴望被他人照顧，所以放棄了主動健康的方式，而選擇被動依賴的方式。過度地依賴會讓我們失去愛護自己的能力。

◇瞭解自己的情緒

任何人在成長過程中，多多少少都會遇到激痛點，我們稱之為「Trigger」，心理學說它是激發原始創傷的點。比如孩子從小就被父母說醜，那麼「醜」就成了孩子的激痛點。但凡有人說他醜，他就很不開心，甚至憤怒。正如白雪公主的繼母經常問魔鏡：「誰是世界上最漂亮的人？」如果魔鏡回答「你是世界上最漂亮的人」，她就很開心。如果魔鏡回答「白雪公主是世界上最漂亮的人」，她馬上就崩潰。

所以，瞭解自己的情緒，就要去分辨和覺察自己的「主要矛盾」。也就是說，我們要知道哪些事情是自己極為在意的、不容半點妥協退讓的。當其他人有所越界時，就要立刻向對方表示拒絕，告訴對方自己很在意這件事情；同時要知道哪些事情是能夠商量的，多付出一些或多退一步都是可以的。

另外，還要知道哪些事情自己做起來更得心應手、更有效率、更有成就感……等等。對自己的情緒多一些敏感，瞭解在不同情緒下，為自己做些什麼會感覺更自在。比如當你感覺憤怒時，有哪些方式能夠快速地平複情緒？是深呼吸還是給自己一個獨立的空間靜一靜？或者是讓自己坐下來，把憤怒的感覺寫下來？

自我探索練習

管理情緒的第一步是覺察情緒，當你能夠覺察情緒的存在時，才有可能更好地應對它，每個人覺察情緒的方式不盡相同，在這裡，我提供一種通過身體感覺來覺察的方式，你可以根據我的描述試試看。

請找一個讓自己相對舒服的姿勢，然後觀察自己的呼吸。想像你吸進鼻腔的空氣可以到達你身體的各個地方。

首先到達的是你的頭頂，感覺一下你的頭皮、頭骨、後腦勺，還有整個面部、耳朵、下巴、脖頸……當氣流經過時，它們都是什麼感覺？

再次感受你的呼吸，這次到達了你的肩膀、上臂、手肘、下臂、手腕、手掌、手指、指尖……同樣去感受當氣流經過時，它們是否有變化？

繼續保持深呼吸，這次到達了你的喉嚨、鎖骨、胸部、腰部、腹部、背部、臀部、生殖系統……當氣流流向它們時，它們是什麼感覺？

再次感受呼吸，這次到達了你的大腿、膝蓋、小腿、腳踝、腳背、腳跟、腳掌、腳心、腳趾、腳趾尖……它們是什麼感覺？

身體是我們覺察情緒的很好的通道，當我們感覺身體有不適時，可能是身體在告訴我們一些關於我們自己的秘密。比如背部的問題通常與壓力有關，後背代表我們的支援系統，他人的不理解、情感支持的缺乏、個人的過度承擔等，可能會讓我們感覺到背部不適；腸胃通常與情緒處理有關，胃消化食物並將其轉化成人體所需的能量。

同樣地，胃也幫助我們消化新的思想和新的體驗，胃出現問題通常意味著我們不知道如何吸收新的體驗，這裡可能包含恐懼、害怕、自卑等情緒；皮膚通常代表我們的個性、邊界，出現皮膚問題有可能是我們的邊界受到了威脅，領地受到了侵犯……有一本書叫《創造生命的奇蹟》（*You Can Heal Your Life*），作者露易絲．賀（Louise L. Hay）在裡面列舉了大量關於傾聽身體的內容，如果你對此感興趣，可以找來看看。

瞭解這些以後，我們對自己的認識會更加清晰，也會更懂得如何照顧自己的情緒以及如何與他人相處。

◇瞭解自己希望過怎樣的生活

首先，我們要瞭解自己的生存環境。生存空間對我們很重要。有的人會因為一束玫瑰花而改變整個房子的佈局。這個整理對於他來說，或許就代表愛護自己。還有些人會把自己的房間弄得很亂，不是他沒有能力收拾，而是他內心可能在對抗某個東西，也可能是他覺得自己只適合生活在那樣的地方。相由心生，說的也是這個道理。

如果有機會到印度去，你會感到一種非常強烈的差異。印度有些地方環境很髒很亂，因對氣味比較敏感，所以我去了兩天就走了，而且再也不想去了。當然，我去的地方是印度的貧民區。實際上，印度的富人區和貧民區的環境差別是非常大的，甚至可以說天差地別，但是這兩類人卻可以心安理得地待在各自的環境裡。他們當中很多人會覺得，自己只能待在那樣的地方。

一個讓自己感覺舒適滋養的生存空間，會讓我們的身心愉悅，它會成為我們生活中微小而確定的幸福。

除了瞭解生存空間，我們還要瞭解自己對生活、對生命的追求。心理學家歐文．亞隆（Irvin D. Yalom）的一本書中寫到一對夫妻去做諮詢，心理醫生知道丈夫是一個特別喜歡拈花惹草的人，於是問他：「如果有一天你死了，你希望自己的墓誌銘是什麼？」丈夫沒有回答，心理醫生接著說：「刻上『這是一個特別喜歡拈花惹草的男人』這句話怎麼樣？」當時，丈夫就潸然淚下，說自己不要做那樣的人。

很多時候，當我們給自己的生命、人生附上一個自己能接受的意義時，我們的生活態度就會大不一樣。否則，我們也許會每天渾渾噩噩，過一天是一天，不知道未來走向哪裡。

當我們瞭解自己之後，就會有更多的選擇。可以選擇愛護自己的身體，可以選擇照顧自己的情緒，也可以選擇創造自己喜歡的生存空間，還可以選擇自己生命的意義。

瞭解自己是一生的課題

關係就像一面鏡子，我們可以在與他人交流、互動的過程中，看到自己真實的樣子。但是，我們要學會分辨對方是平面鏡還是哈哈鏡。也就是說，他人對我們的評價不一定準確，我們也不需要被他人的評價左右，更不需要讓他人給我們貼標籤，因為這些評價帶著他們自身的主觀感受和目的。一個心懷嫉妒的人對我們的評價可能會很糟糕，而一個心懷友好的人可能會認為我們完美無缺。別人說我們簡單粗暴，我們就給自己貼上「野蠻」的標籤；別人說我們說話少，我們就給自己貼上「內向」的標籤，這是非常不可取的。

古人說「吾日三省吾身」，意思是我們要經常反思。所謂反思，就是講自己的故事。當我們能夠講好自己的故事，就會越來越瞭解自己，瞭解自己想要成為什麼樣的人。我們常常會給自己的故事做注解和評判，把自己困在自己設定的劇情裡走不出來。也就是說，有時候我們的反思是給自己下定義、評判自己。

心理學有一個專業名詞叫合理化，所謂合理化就是我們根據自己的認知和對事物的看法，重新定義事情的前因後果，找到更多理由讓事情聽上去更加合理。這說明很多時候我們沒有將自己置身於關係之中去看待事物，瞭解到的也僅僅是我們想像中或合理化以後的自己，有點像是吃不到葡萄就說葡萄酸。因此，我們要避免在反思的時候，深陷於自己的想像之中，從而模糊對自己的認知。

清楚地認知自己，是我們與自己和解的開始。很多人經常把自己成年後的行為、思想，歸因於原生家庭和幼年的創傷性體驗。比如一個孩子在成長過程中經常受到指責和打罵，如果這種體驗未經處理，那麼在成年後他可能會對一些非肯定性的評價特別敏感。他會不斷地猜測對方話語下的意圖，而且很有可能會認為對方在暗暗批評自己，並且武斷地判定對方是傷害自己的敵人。或者，一個孩子在童年時期得不到父母的關注，這種創傷體驗如果未經處理，那麼成年後他可能患得患失，這也會影響他與別人建立親密關係。

追溯現在的困境與自己的哪些成長經歷有關無可厚非，但更重要的是，我們看到它是為了處理它，而不是抱怨過去、抱怨他人。抱怨會讓我們沉溺在過去的困境中止步不前，並不會讓我們擁有現在和未來。人生還有大把的時間，我們完全可以去做一個新的選擇。

村上春樹曾在《關於跑步，我說的其實是……》中說道：「Pain is inevitable, suffering is optional.」意思是，痛苦無可避免，但我們可以選擇是否受苦。雖然很多經歷給予我們不好的體驗，但這並不是我們怨天尤人、自我責怪的藉口。

如果我們更瞭解自己，更理解自己，我們將會對自己更溫柔、更包容，給自己更多的肯定和認同。不非黑即白地評價自己或是抱怨他人，而是去發展自己的心智能力，去慢慢理解一件事情的發生，我們將會明白所有發生的事情並非只有一種原因，所有事情的解決也不止一種方法。

面對生命，我們總有很多種不同的選擇。

4 接納一個完整的自己：自卑與自尊

自卑背後的幾種感受

「自卑」更多的是一種我不行、我很糟、我不能、我不配的感覺。

大部分的自卑會讓我們感到羞恥，難以面對自我，比如畢業後去參加同學會，在每個人介紹如今在做些什麼時，總有一些同學會展示自己的事業或成就，而另外一些同學則會在這樣的差距對比中，生出一絲絲羞恥感。這種羞恥感，就是自卑在作祟。

自卑也容易讓我們產生愧疚的感覺。比如你曾向別人誇下海口，無論遇到什麼事都可以找你幫忙，但是當對方真的向你借錢時，你開始慌了，最後不得已用一個謊言拒絕了對方。被拒絕後，對方當然非常低落失望，甚至會懷疑你的人品。而當你看到對方懷疑的眼光時，內心就有可能會產生一種愧疚感。這種面對他人時的愧疚感，也是由自卑引申出的感受。

自卑的背後還有一種很強烈的恐懼感。當一件事做不好將面臨巨大的懲罰時，我們會害怕，害怕自己的表現不好，害怕自己辜負他人的期待，害怕自己不夠完美……這種恐懼的感覺，也是自卑的一種體現。

自卑的四種類型

自卑有很多種分類方法，我個人把自卑分成以下幾種類型。

首先是**能力自卑**。有些人覺得自己的能力不如別人。在中國江南農村一帶，父母會給孩子建房子，但由於大多數人家都不止有一個孩子，所以在房子分配上就容易出現問題。這一點體現在兄弟之間最為明顯，一定要劃分清楚哪個是哥哥的房子，哪個是弟弟的房子，而且一般來說，都是哥哥的房子在東邊，弟弟的房子在西邊。

我家是在我七歲時建的房子，建房子要找水泥工、木工、電工等。我弟弟聰明伶俐，他會偷偷拿我爸的煙去給這些工人，告訴他們「給我哥哥那邊用差一點的材料，給我這邊用好一點的材料」。聽到他的這些話，所有人都笑了，包括我母親，當時她還跟我說：「你看你弟弟多聰明。」一直到現在，我還記得當時的情景，那時我也跟著傻乎乎地笑。就這樣，弟弟聰明而我愚笨的感受，就在那樣的一個場景裡被固定了。這種感受對我的人生產生了很大影響，當我和別人競爭時，我的第一反應往往是「我是愚笨的，我爭不過別人」，這就是能力自卑。

另一種叫**性別自卑**，這是一種更深層次的自卑。一位在重男輕女的家庭氛圍中長大的女性，會因自己的性別而自卑。我的一個來訪者曾說：「我要變得像男人一樣，跟男人競爭時我一定要贏。」很多強勢的女性都有這種想法，當不認同自己的性別時，就容易去「絞殺」家庭中那個被重視的男性，和男性一爭高低。比如很多姐姐是「扶弟魔」，對弟弟不計成本地奉獻，表面上看她們的弟弟是既得利益者，但實際上這對於弟弟來說並不一定是一件好事，因為這樣一來，這個弟弟無論是在姐姐還是在其他人面前，都變成了一個無能且無用的人。別人會說，弟弟很無用，姐姐很能幹。作為姐姐，就是用這種方式來抵消自己的性別自卑感。

還有一種自卑叫作**存在性自卑**。丈夫看了一眼其他女性，妻子很不高興，覺得丈夫對其他女性的重視和關注度超過了自己，於是憤怒地說：「你覺得她比我好看是不是，別想我會放過你！」這樣的情形在電視上很常見。妻子因為丈夫看其他女性而感到憤怒，是因為害怕自己在丈夫面前沒有存在感。

這種存在性自卑還出現在其他場景：自己的訴求沒有被聽到甚至被忽視，比如當我去吃飯時，朋友們一個個離席，這時我會感到特別沮喪，萌生不被重視之感，因為他們沒有把我當成一個重要的朋友來對待；再比如有時我感到一些人似乎看不起我，總是拋下我獨自行動。這些讓我們感到不舒服的時刻，背後都藏著存在性自卑。

最後一種叫作**權力性自卑**。簡單來說就是發現自己在人群中沒有任何影響力，從而產生的一種自卑。主要表現是，說的話沒有人願意聽，要求做的事沒有人願意做，沒人承認他對家庭、公司有影響力等。有些媽媽特別在意孩子的學習，當孩子做功課時，一定要指導孩子的坐姿和寫字的方式，解說題目給孩子聽後，要求孩子馬上就能舉一反三。這背後其實就是權力自卑感：我說的，你必須聽；如果你不聽我的，我就會感覺我的權力受到了威脅，從而激發權力自卑感。

以上四種就是自卑的分類。我們可以通過這個分類來覺察自己的自卑來自哪裡，屬於哪一種，從而更好地瞭解自己。而後我們可以再去看看我們應對自卑的方式，去理解自己為什麼有這種感受，我們都有哪些信念，以及為什麼選擇這麼做。

自卑的反面不是自信，是自尊

很多人常說自卑的另一面是自信。經常感覺自卑的人看見有人上台表現得特別自信時，就會心生羨慕，同時覺得自己不能像對方一樣光彩照人。然而事實上，一個能在台上表現自如的人，其實未必是自信的，但一定是自尊的。

自卑的對立面並不是自信，而是自尊。

那麼，自尊是種什麼樣的感覺呢？一個經常否定自己的人，是沒有辦法得到自尊的。試想，如果你對自己都不尊重，又怎麼會獲得別人的尊重？

那麼，尊重的感覺又是怎樣？舉個例子，做團體體驗時，我會一個個邀請學員上台發言，規則是每個人發言的時間不能超過兩分鐘。有一個夥伴發言超過了兩分鐘，於是我立刻打斷他說：「抱歉，這是規則。」對於這個夥伴來說，他心裡可能會有一種不舒服的感受。但如果所有人都認同這個規則，那麼尊重規則就是尊重他人，因為這個規則能讓每個人都有一次公平表達的機會。而且努力去傾聽別人，這也是一種尊重。如果有人說我不想表達，那我們也會尊重對方，表達與否都是個人的選擇。

我們共同接受並維護規則是一種尊重，同樣，我們提出建議或者要求，接受對方對此的同意或是拒絕，也是一種尊重。

尊重是接納一個完整的自己或他人。有一些人一直在抱怨自己的過去，覺得各方面都很糟糕，自己都無法接受自己。也有一些人無法接受身邊的人，覺得對方不是理想對象，無法跟這樣的人生活在一起。想要改變自己的過去，或者想要改變他人，這樣的行為都不能算作尊重。

尊重是如其所是。簡單來講就是接納自己本來的樣子，接納對方本來的樣子。

初中時，我給班花寫了一張小紙條，說想跟她交個朋友。結果班花把紙條交給了物理老師，物理老師當眾讀了出來，同學們哄堂大笑。當時的我感到特別羞恥，恨不得找個洞鑽進去。可是，從另一方面來說，我又對他們有期待，期待他們不要這樣對我，當然這種期待是不合理的。

因為被同學們嘲笑，所以我一度很自卑。那麼，我是因為表達了對班花的欣賞或者愛慕而產生了自卑嗎？不是，是無法面對自己的羞恥感讓我產生了自卑。

很多年後初中同學聚會，我們又提起了這件事。這時候我對大家說：「當時的我真是『太不要臉』了。」當我把「不要臉」三個字玩笑般地說出口時，我其實已經接納了這件事。當我重新看待這個過去的自己，接納自己當時的羞恥感，我就可以自在地跟他人談論這件事，當我說起時，這件事對我而言就已經是過去式了。

近幾年很流行的一個綜藝節目《脫口秀大會》，裡面的脫口秀演員會把自己曾經遭遇的窘事，編成一個個段子講給觀眾。當一個事故可以被講出來，就會轉化成一個故事。這同樣也是接納自己的一種方式。

不過這裡需要注意：要接納一個完整的自己，而非接納一個完美的自己。很多人認為所謂尊重應該是所有人都認為他是一個特別厲害的人，只能看到他的優點。如果別人看到了他的缺點或者弱點，他就會立刻體會到羞恥感，然後惱怒起來。只有做到完美，自己的感覺才會好一點，這不是自尊。

真正的自尊是「哪怕我不完美，哪怕我沒有那麼厲害，也可以」。

自卑體驗的積極轉化

奧地利心理學家阿德勒（Alfred Adler）認為，自卑人人都有，像生命中能體驗到的各類情感一樣，自卑也是人類情感的一個組成部分，這一點無法改變。自卑沒有好壞之分，沒有對錯之談，它只是一種我們天然的情感。

很多人跟我說自己被自卑困擾，彷彿自卑是個「詛咒」，影響著整個生命的走向。但事實上，如果能夠找到與自卑感相處的方式，那麼自卑就不會成為我們的阻礙，而會成為激勵我們前進的動力。

我的一位企業家朋友很有意思，他家裡的情況和我家很類似，都有一個弟弟。他的父母總是對他說：「你看看你怎麼這麼笨，十個你都頂不過你弟弟一個。」有一次我們出去聚會，聊到家裡的情況時，他跟我說，父母的這句話一直激勵著他。

「激勵」，沒錯，他用的是「激勵」這個詞。

我的這位朋友是將自己被激發的自卑體驗，轉化成了一種正向的激勵，而這種激勵在他的人生中，也讓他取得了很多事業成就。相反，如果我們用一種負向的信念去解讀，則可能解讀出其他的意味，從而激發出我們的另一種行為。比如我們認為父母的這句話是在貶低我們，於是從此自暴自棄，破罐子破摔。

當我們能夠很好地處理和轉化自卑體驗時，我們就能夠在某種程度上獲得一定的自由。但是當我們無法處理自卑感時，我們就會產生自卑情結。阿德勒在《自卑與超越》（*What Life Should Mean to You*）中將自卑情結定義為：當一個人面對自己無法適應的環境或不能妥善解決的問題時，認定自己無能為力，此時出現的無助、失措等情緒，即為自卑情結。

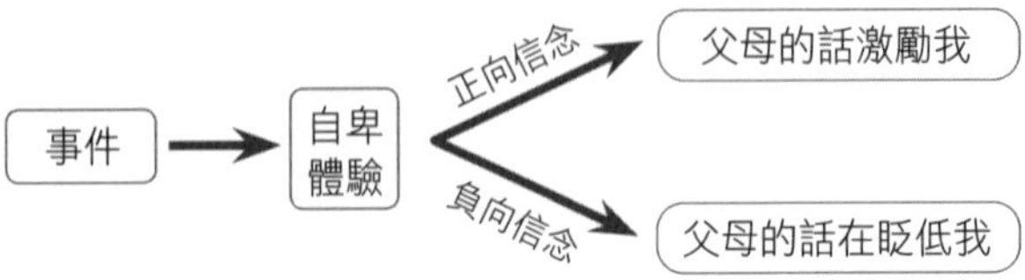

自卑轉化的兩個方向

自卑情結是我們無法真正面對自己的羞恥。這種羞恥是怎麼來的呢？是因為我們自己不好、做錯了或自身的其他問題導致的嗎？並不是，這種羞恥感是因恐懼演化而來的。這就好像我們在某個層面的發展，會被卡在過去的某一個點上。

很多人在做心理諮詢的時候，會不斷地提到自己的原生家庭和小時候被對待的方式，包括一些自己無法面對的情景，然後再深深地認同這種情景。哪怕已經過了幾十年，哪怕忘記了當時發生了什麼，但是那一刻的體會和感受，他們此刻仍然經歷著。

我們的感受是沒有時間概念的，它會存在於我們的記憶當中。比如兩個人一起出去旅行，在旅行的過程中，他們記住了當時互動所產生的感受。幾年後，或許他們早就忘記了旅行的內容，但旅行的感受會銘記一輩子。其實人與人之間都是如此，回憶一下跟你關係好或者跟你交往比較深的那些人，回想跟他們在一起的情形，更多的時候你記得的是當時的那種感受。比如在你難過時，有一個人對你說了一句很溫暖的話，那麼那種溫暖的感受就會讓你記憶深刻。這些感受會幫助我們成長。

不管用什麼方式應對自卑感，這一切都是我們曾經的生存策略。有的人在人際關係中總是討好別人，這也許就是當時最好的解決方案。但是時隔多年，我們早已不是曾經的自己，如今我們可以用新的資源創造出更多的方式來應對自己當下的困難。除了有選項A，還可以有選項B、選項C、選項D等等。此外，應對方式沒有好壞之分，我們也不必評判曾經的應對方式，還記得開篇時我曾說過什麼嗎？接納一個完整的自己，就是尊重；不抱怨過去，不評判我們曾經使用的方式，就是自尊。

Part 2

如何看待他人

5 忽視

忽視是一種不被回應的體驗

我們來想像一個場景，有一天你流落到一個孤島上，島上只有你一個人，周圍叢林密佈，晚上陰森可怖。

你計畫一定要逃出這座孤島。於是你開始生火，試著用隨身攜帶的可以反光的東西反射太陽光來發出求救信號，在空曠的地面上畫出或擺出大大的ＳＯＳ（緊急呼救信號），希望飛過的直升機或路過的輪船可以看到並把你帶出孤島。但是兩三天過去了，沒有船或飛機駛過。直到第四天，終於有一艘船經過，船上的人看到了你的求救信號，但並沒有做出任何回應，沒有給予你任何幫助。這個時候，你的感受是怎樣的？

或許你會感覺沮喪和絕望一起湧上心頭，隨著一艘艘船的視而不見，你開始對自己回到陸地這件事情不抱任何希望，甚至打算在這座孤島上了此殘生。

這種感覺就是我們被忽視時的體驗——被對方看到卻沒有得到回應。

這種忽視在生活中很常見，當我們和一個非常在意的朋友或者戀愛對象發訊聊天時，如果對方回覆及時，我們會感覺自己備受重視。但如果對方在我們發了很多個訊息後毫無回應，甚至「已讀不回」，那一刻真是最糟糕的體驗。

以此為例，讓我們深入看看什麼是「忽視」。如果對方因為沒有看到我們的需求，所以沒有做出回應，這不是忽視。如果對方看到了卻視而不見，這是忽視。

被忽視的感覺就像一個人和世界切斷了連結，即使身處人群之中也覺得自己形單影隻，沒有同伴，沒有回應，孤苦伶仃，像是朱自清先生的那句「熱鬧是他們的，我什麼都沒有」。

之前網上有一種說法：孤獨是分等級的，最低等級的孤獨是一個人逛超市，最高等級的孤獨是一個人做手術。我雖然沒有一個人做手術的經歷，但是我感受過一個人看病。當時我因為一個小意外腳趾骨折了。本來這也不算什麼很大的傷，因為我還可以依靠左腿和拐杖，叫計程車去醫院看病。但到了醫院，打了點滴，我就「失去」了雙手，沒有辦法拄拐杖了。這時候我想要去上廁所就變得極其艱難。

無助與無力在那一刻向我侵襲而來，我體會到了和一個人做手術相似的體驗，好似被全世界遺棄和忽視的孤獨。

很多憂鬱症患者也會有這種被忽視的感覺。憂鬱症有三個表現，也被稱為「三無」：無助、無用、無望。他們不知道如何才能走出那種孤獨到絕望的狀態，甚至想要輕生，我有一個來訪者曾描述這種感覺，他說像是自己被關在一個玻璃罩中，你看得到外界，外界也看得到你，但無論你如何呼喊求救，他們都沒有任何回應。

被在意的人忽視才是忽視

要感受到忽視，其實有一個先決條件，就是那個忽視我們的人，一定是我們在意的人。如果我們不在意對方，或者對方是一個讓我們感覺恐懼的對象，那我們可能還要開香檳慶祝——幸好他忽視我。比如偏執狂或者跟蹤狂，他們總是希望瞭解我們的一舉一動、一言一行，我們在社交平台上的動態他總是要做出一些奇怪的回應，繼而跟蹤、偷拍，甚至將我們的隱私發佈到公眾平台上……這些令人感到害怕的舉動，只會讓我們祈求千萬不要被對方關注和重視，巴不得忽視的發生。

但反過來，如果對方是我們在意的人就不一樣了。如果對方對我們的需求和情緒視而不見，眼神中流露出不關心、不關注的態度，我們就會感覺被傷害。英國精神病學家約翰·鮑比（John Bowlby）曾在依戀理論中講到「跟隨行為」。

所謂跟隨行為，直白來說，就是幼崽出生後會鎖定附近一個活動明顯的對象，跟隨並與該對象建立連結。剛出生的小魚總是喜歡跟在媽媽後面游來游去，剛出生的小鴨子也喜歡跟著大鴨子走來走去。人類的嬰兒也會有這樣的行為，只不過剛開始是用眼睛跟隨，他們的眼睛會追著媽媽來來回回。等他們漸漸學會了走路，這種眼神跟隨就變成了行為跟隨，他們會跟著自己的媽媽走來走去。

寶寶出生後，他最在意的人便是他來到這個世界上第一個與他建立連結的人，大多時候這個重要的人就是媽媽。一個能看到並很好回應寶寶需求的對象，可以幫助寶寶建立和發展健康的依戀關係與人格。如果寶寶的需求總是被忽視，對他來說無異於被拋棄。

忽視的三種類型

◇需求忽視

第一種忽視，是需求的忽視。比如視而不見的忽視，我們想要對方及時回應我們，對方卻已讀不回；還有牛頭不對馬嘴的忽視，比如我想要一個蘋果，對方卻送了我一車香蕉，看似給了我很多，但是並沒有滿足我真正的需求。

有一本名為《父母會傷人》（*Toxic Parents*）的書，裡面有這樣一個故事。女兒和她的媽媽一起上街，女兒和媽媽說自己想要吃一個冰淇淋，媽媽很痛快地就答應了。這時候女兒補充道：「我想吃一個草莓冰淇淋。」可媽媽很是懷疑：「你之前一直都吃巧克力冰淇淋的，今天為什麼要吃草莓冰淇淋？草莓冰淇淋不是你想要的。」然後女兒再次表達說她今天就是想吃一個草莓冰淇淋。回家後女兒發現：媽媽買回來的還是巧克力冰淇淋，並且堅持認為這才是她想要的冰淇淋。

故事中媽媽的做法就是一種需求忽視，無論女兒如何強調，她都看不到，完全忽視了女兒真正的需求，一味地按照自己的意願去安排孩子的想法。身為媽媽的她滿足的是自己的需求，而不是孩子的需求。

我們所說的需求忽視就是這樣，不是他人拒絕了我們的請求，而是他人對我們的需求視而不見，或者看不見真實的我們，按照其本人的意願強行曲解我們的需求。

◇情感忽視

之前有一個朋友和我分享了一件事，有天她的女兒說今天要做一件非常重要的事情。聽到後我朋友立刻緊張了起來，她想：這件事對女兒如此重要，那家裡的環境應該安靜一點。但不巧的是，正好趕上樓上裝修，電鑽的聲音嗡嗡地響個不停。於是，我的朋友就上樓跟人家理論，希望對方今天能停一停。一來二去，因為這個事情她樓上樓下跑了三趟，但對方並沒有答應停工。

這個過程中，她發現女兒似乎越來越焦慮，女兒越焦慮，她就越想要樓上的裝修工人停下來。直到女兒和她說：「媽媽，你不要再樓上樓下來回跑了。這件事情對我來說是很重要，但是這些噪音對我影響不大，我真正需要的是你對我的鼓勵和支持。」

從這件事情中我們可以看出來，我朋友希望女兒能夠更專心致志地完成她認為重要的事情，所以想要給女兒一個更安靜的環境，但她忽視了女兒的情感需求，既沒有過問女兒的感受，也沒有理解女兒焦慮的真正原因是什麼，其實女兒想要的只是媽媽的鼓勵和支持。

我和我兒子去登山時，也發生過類似的事情。我們去雪山健行，地勢陡峭，起起伏伏，翻過一座山，還有好幾座山，一路十分艱苦，按照當天的計畫我們已經完成了五分之四，臨近結束，快要達到體力的極限，他每走一會兒都要說一句「我不行了」，我當時也很累，但是想給兒子做個榜樣，所以就在一旁給他打氣：「你不會不行的。」於是整個過程就變成了：

「我不行了。」

「你不會不行的。」

「我不行了。」

「你不會不行的。」

……

如此反復。

這話看似回應了他，但其實根本算不上回應。

當晚到了營地，大家稍事休息後，兒子和我說：「老爸，健行實在是太累了，我剛剛只是抱怨了一下，我其實並不需要你告訴我『我不會不行的』。」望著兒子真誠而清澈的眼睛，我突然意識到，原來剛剛我的那些回應，其實回應的並不是他，而是那個害怕兒子不行的自己。

「你不會不行的」，這句話忽視了兒子的情緒和情感需求。當他說「我不行了」的時候，我能給予的最好的支持，其實是接納他的情緒：「你很累，很辛苦，爸爸都看到了，爸爸現在也有這種感覺。但爸爸同時為你感到驕傲，因為你沒有靠別人而是自己獨立走到這裡，這對成年人都很難，對你來說就更不容易了。但你做到了，你是爸爸的驕傲。」

還有人有這樣的經歷：

小時候摔倒了，爸爸媽媽不允許他哭，不許他表達自己的情緒。

小時候尿床，長大後爸爸媽媽還會在大庭廣眾之下和別人談起，全然不顧他當時的羞恥感。

喜歡一個女生，可女生不斷讓他拿出愛自己的證據，仿佛他是個工具人，一味的付出與討好換來的卻是一次次希望落空……

以上這些情感忽視，會讓當事人感覺不被理解，非常孤獨。

忽視是需求上的忽視，是情感上的忽視，是對方假裝看不見，從主觀上忽視我們的需求，更有甚者，會用忽視來攻擊或控制我們。

心理學有個術語叫「煤氣燈效應」，又叫作「煤氣燈操縱」，是指施害者為了對受害者進行心理操控，故意忽視受害者看到的事實和真相，讓受害者逐漸喪失自尊，產生自我懷疑。

舉個例子，甲說：「我剛剛看到了一隻老鼠。」這時候，乙跑過來說：「沒有老鼠，你看錯了。」丙也說：「沒有老鼠，是你的幻覺。」

三人成虎，漸漸地，甲就會開始懷疑自己是否真的看見了老鼠。

這種故意忽視在日常生活中也很常見。比如我們給一個人打電話，他總是不接聽，你問他的時候，他就會說：「我沒看到你的電話，如果看到，肯定會第一時間給你回電。」或者有的媽媽在家裡又要照顧孩子，又要做很多家務，忙得分身乏術，丈夫卻視而不見，繼續打遊戲。如果說情感忽視帶給了我們孤獨的感覺，那故意忽視給我們帶來的就是委屈和憤怒的情緒。

◇價值忽視

價值忽視很好理解，比如孩子看到父母工作一天非常疲倦，就跑過來說：「爸爸，我給你捶捶背吧！」或者「媽媽，我幫你洗碗吧！」事情雖小，但讓我們感覺我們的疲憊被孩子看見，所以內心會有觸動，而這個觸動就證明孩子的付出是有價值的，很多父母會接受，說：「謝謝你幫爸爸捶背，因為你的幫助，爸爸現在感覺好多啦。」孩子也會覺得自己是有價值的，對他人是有貢獻的。

但有一些家長不會如此，他們會想：我生你養你，你給我捶背洗碗難道不是你應該做的嗎？所以在孩子做完這些後，這些父母並不會給孩子一個正向的回應，或者乾脆不回應。這個時候，孩子的價值就被忽視了。當然，這樣的忽視也出現在乾脆不接納孩子的父母身上，他們會在一開始就對孩子說：「洗碗不是你的事，你只要好好學習就可以了。」

此外，被性別期待的孩子也會有價值忽視的體驗。很多從重男輕女的家庭中成長起來的女孩都不被父母重視。有些父母甚至認為養育她們就是為了讓她們幫助家裡的哥哥或弟弟，她們自身是沒有價值的。在這樣的環境下長大，很多女孩慢慢把這種重男輕女的思想內化，找不到自身的價值，看不到自己的優點，不敢滿足自己，從而形成「我沒有價值」的自我認知。

如何處理忽視

喬恩・G・艾倫（Jon G. Allen）在《創傷與依戀：在依戀創傷治療中發展心智化》一書中曾寫道：「忽視一個孩子也是虐待，因為它會引發痛苦的情緒，簡單地說，創傷經歷的本質是害怕和孤獨。」

我認識的一個女孩就是這樣，她的成長經歷非常特殊，她小的時候媽媽工作比較忙，所以大多數時間都由爸爸照顧。爸爸是一位化學老師，有非常嚴重的強迫症，每次媽媽在上班前都必須囑咐爸爸什麼時間要給孩子餵奶、放多少勺的奶粉、用多少度的水、搖多少下等精確的工序。這導致每當她餓了哭著要奶喝時，爸爸還「奮戰」在沖奶粉的道道工序上：要把奶粉放在秤上稱重，水也要用溫度計測量，冷了加熱水，熱了加冷水，一番操作下來，孩子早就哭得聲嘶力竭了。

隨著諮詢的深入，我們發現忽視不僅僅體現在她幼年時期的喝奶上，還有其他需求的未滿足。父母總是看不到她真實的需求，按照自己的想法行事，比如晚上她不想睡覺卻被父母硬哄著睡覺；她想要和父母一起玩時，父母一邊看著電視，一邊心不在焉地和她互動……等等。長期處於這種忽視之中，需求總是得不到及時回應與滿足，這種恐懼的感覺被她深深植入無意識中，現在這個女孩有著非常嚴重的人際隔離和一些類似邊緣人格的特質。一旦認為對方對自己有威脅，或者對自己有一些不好的對待，她就立刻視對方為敵人。

活在這樣的世界中是一件很辛苦的事，試想一下，如果你的生活中充滿了假想敵，你遇見的每個人都有可能對你不利，那感覺該有多可怕。

被忽視對我們來說是一種創傷性的體驗。因為在被忽視的過程中，我們感覺與外界失去了連結，沒有人回應自己，孤零零地待在一個角落，不被他人看見，陪伴自己的只有委屈、難過、憤怒的情緒。那如果我們真的被忽視了應該怎麼辦？

第一，自我覺察。如果我們經常擔心害怕他人忽略我們，或者不敢提出自己的需求，那麼我們需要覺察的第一件事就是我們的忽視情結。當被忽視的恐懼發生時，我們要去分辨這種被忽視是真實的、已經發生的，還是我們假想的、尚未發生過的。這就好像一個人戴著墨鏡看世界，會看到整個世界都是墨鏡的顏色，我們越是帶著「怕被忽視」的眼光去看待身邊的人，身邊的人就越有可能忽視我們。我們不妨摘掉「墨鏡」去看看這個世界，去看看身邊的人，或許會有不一樣的事情發生。

第二，理解他人。有時候我們會感覺別人似乎把我們當成工具一樣看待，忽視了我們作為人的存在。就像我們認為媽媽非常愛自己，為我們付出了很多，但她又時常忽視我們的感受，強迫我們去做一些不願意做的事情。這個時候媽媽其實更看重的是她想像中的孩子，反而忽視了真實存在的孩子。很多迴避人際關係的孩子，或者網路成癮的孩子，背後常常有一對喜歡比較的父母，他們用現實中的孩子和他們想像中的孩子做比較，忽視了現實中孩子的需求和情緒，一味地要求孩子成為他們想像中優秀的樣子。

或許我剛剛講到的就是你的故事，或者你身邊人的故事。小時候父母對待我們的方式給我們造成了創傷，但或許你不知道，那已經是父母能做到的最好了。父母這樣「忽視」我們，很大一部分原因是因為他們曾經也被如此「忽視」過。沒有獲得過愛的人，要如何給予他人愛呢？

我常說「因為瞭解而理解，因為理解而和解，因為和解而成長」。如果我們可以理解父母這種「忽視」，就能更好地接納如今的自己，一旦我們做到接納，便不會被委屈和憤怒控制，也不會變得自卑，自暴自棄，而是有力量成為更好的自己。

是謂：放過他人，就是放過自己。

第三，向上生長。很多女孩因為父母重視哥哥弟弟而忽視自己，對父母的不公一直憤憤不平，甚至制訂了一系列報復計畫。是啊，同樣是父母生的，憑什麼我得到的就要比你得到的少呢？這些想法對於一個孩子來說是完全合理的。可當年歲增長，我們漸漸長大成年，在探索世界的過程中，我們生長出自己的力量，建立起自己的人際關係，並且受到人際關係的滋養時，就會發現：對原生家庭的恨意與我們內在的力量成反比。也就是說：我們越弱，對他人的恨意越多；我們越強，對他人的恨意越少。

孟子云：「君子不怨天，不尤人。」說的也正是這個道理。

6 討好

討好是一種不甘的辛酸

之前很多人問我，胡慎之這個名字很特別，是不是筆名？其實不是。這個名字是我的本名，而且是我還沒出生時父親就給我取好的。

曾經我一度非常想改名，這裡有很多原因。「慎」這個字，在字典裡的意思是「注意、小心」，父母給我取這個名字是希望我慎之又慎，乖巧懂事。為了滿足父母的期望，我時時刻刻都小心翼翼，以至於後來我一直想改一個輕快一點的名字，似乎改了名字就能改變自己的性格和生活態度，讓自己放鬆一些。

另一方面，這個名字用我們那邊的方言說出來不是很好聽，「胡慎」的發音有點像是「猢猻」，每次朋友們喊起來我都感覺不太舒服，像在叫一隻動物。本來是個很嚴肅的大名，叫起來卻像是個外號，這也是我想改掉名字的第二個原因。最後，也是最重要的一點，這個名字裡的「慎」字其實取自我家祖上的祠堂——「慎德堂」，把「慎」字交於我，仿佛是將整個家族的未來交給了我，我是家中的長子，父母希望我能光宗耀祖，寄予了我很高的期望，而這也同樣帶給了我很大的壓力。

最終我還是沒有選擇改名，這對於少年時期的我，更多的是對父母的一種討好和取悅。

很多人跟我說，小時候經常會被父母逼著去做一些自己不想或不願做的事情，比如過年全家人圍坐在一起吃團圓飯時，父母非讓我們給親戚表演節目，或者要求我們把不喜歡的食物吃下去。如果我們拒絕，他們就會指責我們不懂禮貌、不識好歹。

有很多習慣性討好的人，他們的父母常說的一句話是：「你不聽話，我就不喜歡你了。」、「你再哭再鬧，我就不要你了。」這些話對父母來說可能並無惡意，但孩子聽到的是關乎生死的大事——「媽媽如果不喜歡我，是不是就要拋棄我了？」、「我不聽話，媽媽是不是就不要我了？」這些話像是緊箍咒一樣，在孩子耳邊一遍遍重複，孩子擔驚受怕，為了生存下去，討好就變成了孩子的生存策略。

自己想要什麼變得不再重要，不讓自己被拋棄變得最重要。

我出生後一年，弟弟就出生了。弟弟是一個早產兒，母親懷孕七個月就生下了他。剛出生時，他不會哭，也不會喝奶，身體瘦小得就像童話故事裡的拇指姑娘，他也因此獲得了全家人的關注。如果說父母對我的期望是謹言慎行、懂事聽話，那對弟弟的期望就只是活著，能活著就行。於是，父母每天會花費大量的時間和精力照顧弟弟，根本無暇顧及我，我不得不被父母送去奶奶那裡，由奶奶代為照顧。

其實我那個時候知道，如果我想要和弟弟爭奪父母的關注，那就只能比弟弟更弱小，但我不想這樣。因為我一旦生病，就會給父母帶來很多麻煩，父母照顧弟弟的同時還要分心照顧我，這會讓我感覺內疚與羞恥。所以很多時候我選擇逞強，就好像那句老話：「報喜不報憂。」記得有一次發高燒，我明明呼出的是熱氣，但渾身冷得好像置身冰窖，即使這樣我仍然堅持著沒有和父母說。

除此之外，我還會盡我所能，為家裡做所有我力所能及的事情。那時候我家在農村，有很多農活需要做。我一個七八歲的孩子，可以獨自拖一輛一個成年男人才拖得動的板車。村裡的人誇我力氣大，我聽到他們的誇獎，看到媽媽欣慰的眼神，心裡只覺得高興。為了更大程度地被接納、被認可、被需要，我變得非常謙讓，如果家裡只有一個雞蛋，我一定會把它讓給弟弟。弟弟如果在學校受了欺負，我還會去保護弟弟。

六七歲的時候，村子裡有很多小朋友一起玩。但是我經常被父親關在家裡，只能眼巴巴地看著其他小朋友，每當我因為這件事情跟父親反抗，他總是說：「你和他們不一樣。」小小的我並不理解這背後的意思，只是越被阻止，對這件事就越發渴望。好不容易能夠出去玩了，其他小朋友也會因為我和他們不相熟、不親近而排擠我。在家庭中習慣討好的我，當時能想到的最好的加入方式，就是拿出我心愛的玩具、糖果去和他們分享，去討好他們。

那個時候，討好成為我與他人建立關係的主要模式。小的時候不懂得，其實這個做法，讓當時的自己成了一個價值提供者，一心只想證明自己是有價值的。我害怕自己成為父母的負擔和累贅，害怕再一次被「丟」下，所以不得不與父母分離；我擔心其他小朋友不喜歡和我玩，我會遭到排擠，所以哪怕很喜歡的東西，也要忍痛割愛分享給其他人。

討好這種策略是非常辛苦的，而且會讓人感到委屈。有朋友和我說：「討好的時候，我是不甘心的。」我非常能理解這種感受，因為擔心成為別人的累贅、不被接納，所以不得不討好一些內心並不認同的對象，這是非常痛苦的。在討好的過程中，我們不僅會感覺羞恥和無助，也沒有辦法去信任別人。

第一種是意識層面的討好，也被稱為主動討好。它是指我們為了獲得一些能看到的現實利益而做出討好行為。比如主管手中掌握著員工晉升和加薪的權力，這個主管又比較強勢，為了達到升職加薪的目的，我們可能就會產生一些意識上的討好，更重視他、更聽話等。做銷售員也是一樣，為了一件衣服可以賣出去，可能會特意誇獎顧客穿上這件衣服很漂亮、很有氣質，給對方提供情緒價值。

還有一種討好是我們習慣的一種關係模式，是無意識的重複，源自我們小時候的生存策略。上文中關於我自己的例子就是如此，在這裡不再贅述。

前一種討好有明確目的，比如用情緒價值交換經濟價值，後一種討好則是由恐懼激發的。小的時候我們因為擔心自己被拋棄、被邊緣化，為了能夠獲得更多的認同和肯定，費盡心思討好身邊人。前者中，我們因為有了強烈的獲得感，所以心理上達到了平衡。但後者是委屈的、恐懼的，若這種討好策略被我們內化，也不加覺察，則會無意識演變成人際互動的方式。

討好的關係中沒有絕對的受益者

討好別人的人總是希望通過討好來獲得他人好的對待，他們似乎有一種執念，就是只要我對你足夠好，你就會喜歡我。其實，這是一種認知偏差。因為你對我的好壞，和我是否喜歡你並不是直接畫等號的。我們可以先從討好的一方說起。

討好對於討好者來說，是一種極大的內耗。首先，我們要猜測被討好的一方需要哪種方式的討好。我們要花費很多的時間和精力去觀察他，他是需要被誇獎？被讚賞？滿足虛榮心？還是需要物質上的給予？……其次，我們還要衡量自己的能力是不是可以滿足這個人。如果這個人需要我們不停地說好話，但我們不擅長言辭，這時候我們的能力和這個人的需求就產生了落差，這會讓我們花費更多的討好成本。第三，每一次討好都會讓我們感覺委屈和不甘，即使討好後可以獲得不少利益，我們也會認為那只是對我們的補償而已，並不會感激對方，而是覺得這是我應得的。這並不是一個能令人感覺舒適的關係。

當我們要去討好一個人，一定是處處敏感，甚至是謹小慎微的，這種時刻緊繃的關係對我們何嘗不是一種內耗。

那被討好的一方呢？他們就一定會喜歡被討好嗎？不一定。我之前經歷過這樣一件事：有一個人來我家做客，從進門開始，他就時刻小心翼翼。我和他說不用換鞋，他顯得非常不好意思。我讓他在沙發上坐下，他說：「沙發太乾淨了，我坐下會不會把你的沙發弄髒？」我寬慰他說：「不會，你就坐吧。」但我發現這句話並沒有寬慰到他，因為他雖然坐了下來，但只是用半個屁股坐在沙發上。後來我請他喝茶，喝茶時他生怕茶水灑到地上，謹小慎微地端著茶杯。這個時候我終於忍不住了，暗自思忖：我是一個這麼挑剔的人嗎？為什麼他好像見到我很害怕的樣子？

後來，我看到他坐立不安，以為他想要離開但不好意思開口，就問他：「你是不是接下來還有什麼事情，現在要離開了？」然後他說：「我可不可以借用一下洗手間？」那一刻，我最直接的感覺是：難道我像一個惡霸嗎？讓人家連想去洗手間都不好意思和我說。

這個故事就是心理學中說的「投射」。心理學家約瑟夫・桑德勒（Joseph Sandler）對其這樣定義：投射是某人將自體心像中不愉快的方面，歸因到了另一個人的心像上，是個體依據自己的需要和情緒的主觀指向，認為自己身上存在的心理行為特徵，在他人身上也同樣存在。簡單來說，就是當我們害怕自己被挑剔時，就會在他人身上尋找自己被挑剔的證據，比如我們會預設對方是一個挑剔的人，對方的一言一行在我們看來都是在挑剔自己。很明顯，剛剛這個例子裡的人一直處在討好中，並且將一些東西投射給了我，把我當成了一個挑剔或不好相處的人，這個過程讓我很不舒服，因為我不是那樣的人。

討好的過程中一直伴隨著衝突。討好的關係中沒有絕對的受益者。即使是被討好的人，也不會因為他人討好了我就感覺心情愉悅，有時候反而會對討好自己的人處處防備。

討好背後的動力

我做過一些關於討好者在文學作品中的研究，很多書籍與文章似乎都在告訴我們做一個討好者是多麼糟糕。這些作者描繪了一個個為了給別人留下深刻印象而毀掉了自己生活的角色，他們可能是年紀輕輕的「扶弟魔」，也可能是年過半百的老好人……他們披著偽裝，時刻保持警惕，壓抑情緒，把自己的能量消耗殆盡。

可即使討好行為如此不好，我們為什麼還是對此鍥而不捨呢？

第一，討好是為了獲得重要之人的認同感、關注與愛。《二十四孝》中有一個故事，講的是一個七十多歲的老人還上台演戲，逗自己的雙親開心。很多時候，討好中暗藏著依賴。這種依賴是指心理上的依賴，我們需要從他人那裡獲得對自己的認可，我們依賴父母、同伴，依賴他們給予我們的評價。

在養育孩子成長的過程中，心理情感的培養對父母來說可能是最具挑戰性的。如果一個孩子在幼年時長期被否定，甚至有被拋棄的經歷，且過後未經處理，那在他成年後，這種強烈的不安全感很可能會持續伴隨著他，導致他情願犧牲自我、犧牲自由。他們不得不從他人（尤其是從重要的人）的回應和評價中去認識自己，以別人作為「鏡子」來判斷是非對錯。

這樣的依賴是畸形的，一旦得到的回應和自己想像的並不相同，或者得到的評價是負面的，就更容易陷入深深的自我懷疑。相反，如果一個孩子在被接納的氛圍中長大成人，他會更有能力認識到他們的價值在於他們自己是誰，而不是他們能做什麼。他更有能力關注內在真實的自己，而不是別人對自己的看法。

第二，為了獲得道德上的優越感。討好必定伴隨付出，這種付出可能是物質付出，也可能是心理上的順從，這種付出可以給我們帶來一種好處，那就是讓我們似乎擁有了指責他人的自信。就好像施與受之間，似乎施者比受者更有權力要求對方。

「我為你付出了那麼多，你還……」、「要不是為了你，我早就……」這些都是討好者的語言。討好者渴望他人看到自己的付出、肯定自己的付出，若未如願，則會霸佔道德制高點，攻擊對方。

第三，出於恐懼，擔心自己被排擠。前文中我已經講過自己的經歷，因為覺得自己被其他小朋友排擠，只好拿出自己的玩具和糖果去討好他們。很多人都有過和我一樣的經歷，我們討好其他人時，內心就一定認可對方嗎？其實不然。就像我童年的例子一樣，我們是為了加入某個群體，避免被排擠才討好對方。

從另一個角度講，這種討好也是一種對立和攻擊。我們預先將需要討好的人定義為挑剔的人、不講道理的人，就像來我家做客的那位朋友眼中的我一樣，這對我來說就是一種攻擊。此外，我們的內心也是不認可、不接納對方的，討好過程中的不甘心、不情願都會讓我們對被討好的人喪失好感，甚至產生厭惡的感覺。

很多討好者故事的悲劇結局都告訴我們，不要再費勁讓別人快樂了，如果這個世界上真的有一個人能左右我們是誰，那麼這個人，一定是我們自己。

討好者的孤獨心理

周女士在她五十歲生日那天來到了我的諮詢室，她說見到我之前，除了各種行銷機器人給她發送了生日祝福，她沒有收到任何一條來自家人的問候。她感到一種強烈的孤獨感，好像這個世界根本沒有人關心她、牽掛她。在她的認知裡，她一直都是這樣一個人孤孤單單長大的。

那天我們一起回溯了她的經歷，她是家裡唯一的女兒，下面有一個弟弟。像所有重男輕女的家庭劇情一樣，爸爸媽媽把所有的愛都給了弟弟。從弟弟出生的那一刻起，她變得小心翼翼，戰戰兢兢。她的人生信條多了一個：只要什麼事情都讓著弟弟，把所有的好東西都留給弟弟，就會得到父母的誇獎和稱讚於是她學著凡事先滿足弟弟，把自己的需求放在弟弟之後。等到她有能力賺錢養活自己，爸媽又開始讓她把錢分出來給弟弟。

當時她剛來大城市打拼，手裡積蓄根本就不多，父母張口就跟她要二十萬。為了湊錢，她拿出了自己全部的積蓄，還向身邊朋友借了錢，拼拼湊湊十幾萬匯給了弟弟。當時她的男朋友看到她這樣的家庭，向她表達了對兩個人未來的擔憂，但由於她放不下家人，幾經溝通無果後，分手了。她說，這麼多年，自己獨自在外，似乎已經習慣了一個人。

後來，從打工到創業，幾經失敗，終於有了一點小成就，在大城市裡開了一家小公司，和一個比自己年紀小的男性成了家。她有父母弟弟，有丈夫孩子，但她發現，好像每次遇到事情時，身邊依舊找不到能夠幫助她的人，能依靠的只有自己。

不被父母愛護，不被丈夫理解，眼下還有兩個雖已成年但仍在「啃老」的孩子要養。她感覺自己被割裂了，一部分的自己要去孝順父母，一部分的自己要去照顧丈夫，一部分的自己要去滿足孩子。她討好了所有人，唯獨沒有討好她自己。

有人曾說：「當一個討好者死去的時候，眼前閃現的都是別人的生活。」周女士就像這話裡的人，忙碌一生，照顧父母，幫助弟弟，扶持丈夫，養育孩子，卻弄丟了自己。她想要的不過是生日時的一句關心和祝福，有心事時有人可傾訴。可是被討好的人似乎已經習慣了她的默默付出，甚至當作理所應當。討好的背後，藏著深深的孤獨。

走出討好

想要走出討好，第一步先要看看在討好的時候，我們是否把對方投射成了一個「壞」

人。如果我們判斷對方是友善的，我們在他面前會很舒適自在，這樣的人是不需要被討好的。相反，一個我們判斷可能對自己不好的人，才會引起我們的焦慮和緊張，正如我前文所說的例子一樣，那個來我家做客的客人，處處小心，彷彿我是一個極其挑剔的人，這時候我就被他投射成了一個「壞」人。所以，看到自己對他人的投射，是我們擺脫討好的前提。

其次，選擇真誠同樣重要。這裡的真誠有兩個部分，一個是選擇對自己真誠，另一個是選擇對他人真誠，前者是後者的必要條件。對自己真誠是指，一件事我們做不到，我們能夠承認並接納自己做不到。對他人真誠是指，我們承認自己做不到，並能將此知行合一地表達給他人。我有一個來訪者和女朋友相處一年後分手，分手原因是女方覺得這個男生欺騙她。我的來訪者也很委屈，這一年中他幾乎所有的積蓄都用來給女方買禮物，甚至為了哄女方開心，他逢年過節還會四處借錢買禮物。

我問他：「你有告訴她你是借錢給她買禮物嗎？」他說：「沒有。」我接著問：「這樣做你的好處是什麼？」他想了想，說：「就不用面對那個失敗的自己了。」

做不到並不代表我是個失敗的人，做不到只是指這件事我做不到。如果能接納這一點，這個來訪者也不至於如此委屈。如果我們無法做到對自己真誠，自然也無法做到對他人真誠。一個選擇對自己、對他人真誠的人，是有力量的，也是能吸引他人的；而一個選擇處處討好、偽裝的人，則是脆弱的，也是容易讓他人躲避、遠離的。

第三，討好他人不如討好自己。我們想要討好他人是為了什麼？有些人是想要獲得他人的肯定，有些人是想要獲得他人的回報、他人的付出等。那麼，問問自己：我想要的是什麼？這樣東西可以自我滿足嗎？如果你的答案是可以，那麼就去勇敢地滿足自己，悅納自己，對自己提出真誠的訴求，真實地表達自己的情緒、需要和渴望。

請記住，如果這個世界上真正有一個人需要被討好，那麼自己才是最應該被自己討好的那一個。

7 討厭

有一種討厭源於我們欲罷不能的喜歡

前兩天，我和我的健身教練見了一面，因為疫情，我已經很長一段時間沒有和他見面了。這次見面我們聊起了疫情對我們的影響，他和我說很多課程由於疫情不能按時上課，前幾天給學員上完課後，他感覺很焦躁，於是去吃了些高熱量的食物。我就問他吃了什麼，他說：「就是我很討厭的炸雞。」

炸雞明明那麼香，為什麼我的教練卻說他討厭炸雞呢？我們從另一個角度來看就很好理解，因為炸雞這種高熱量食物對講究熱量平衡的健身人士來說是有傷害的。教練說他討厭炸雞，可討厭的背後恰恰是喜歡，正是因為他不能控制欲望而做出了對自己來說有傷害的行為，所以才討厭。就像我有段時間特別喜歡喝紅豆奶茶，但是紅豆奶茶的熱量是我跑十公里或者運動一小時才能抵消的，所以漸漸地我會將想喝紅豆奶茶的欲望視如洪水猛獸，這種討厭的背後正是一種欲罷不能的喜歡。

討厭的表現形式

討厭某個人或者討厭某種事物，通常會以不同的表現形式表達出來，我將其歸結為：表情、言語和姿態。

我很不喜歡榴槤的味道，覺得榴槤的味道和煤氣洩漏的味道很像，每次聞到都讓我感覺頭暈目眩。所以我一看到朋友、同事買了榴槤，都避之唯恐不及，捏著鼻子，皺著眉頭，躲在一邊。看著他們大快朵頤的樣子，我更是面露難色。皺眉頭、嫌棄的眼神都屬於表達討厭的表情，能讓對方迅速感知到我們的不滿。

至於言語表達，也很好理解。我們公司的樓下有一家甜品店，香甜的蛋糕味道四散在空氣中，總是引得周圍的人排隊購買。但經常有一些人不尊重規則和秩序，妄圖插隊。那我們肯定要指責他：「大家都有秩序地好好排隊，你為什麼要插隊？」、「你這樣對所有排隊的人都不公平，你這個人怎麼這麼沒水準？」這種是用言語來表達討厭。當我們討厭甚至厭惡某個人時，經常會通過漫罵、羞辱的方式表達自己對對方的討厭。

除了表情和言語，我們的姿態有時候也會向對方傳遞「我討厭你」的信號。當我們面對自己討厭的人時，是不是會選擇遠離對方？對方想要靠近我們一點，我們就後退一步，不想與對方有任何的交集和互動，忽視對方的情緒和行為，對對方非常冷漠。

可見，討厭雖然是我們內心的一種感受，但通常會通過我們的行為舉止表現出來，以傳遞我們對他人的感覺。

討厭背後的動力

我們為什麼會討厭一個人？讓我們來看看討厭背後的動力。

第一，我們討厭他人往往是因為我們內在有強烈的挫敗體驗——競爭的挫敗或未被滿足的挫敗。競爭的挫敗很容易理解，比如家中有兄弟姐妹的孩子，小的時候總是需要爭奪父母的疼愛和關注，如果父母關注兄弟姐妹多過於關注自己。這個時候，我們就會感覺在競爭中失敗了，並因此討厭那個和我們爭寵的人。另一種是未被滿足的挫敗，假如孩子玩得正高興，奶奶卻因為要睡午覺從他手裡拿走了玩具，孩子為此哭鬧不止，內心受挫。

第二，我們討厭的人可能恰恰是理想化的自己，這是由自卑引起的討厭。很多人常常都會想像自己要成為一個什麼樣的人，或知性美麗，或溫柔賢慧，或一表人才，或滿腹經綸，但自己又從不為此付諸努力。直到他看見另外一個人——這個人做到了自己想做又做不到的事，成為自己想成為卻還沒成為的人，於是他內心的自卑被啟動，妒忌、討厭的情緒噴湧而出。我曾經遇到過一個來訪者就是這樣，她和她的閨蜜一直在同一個公司工作，兩個人的職位也一樣，後來她的閨蜜升職了，而她還在原職位沒有動。本來處處爭強好勝的她因此妒忌、討厭她的閨蜜，昔日親密無間的姐妹如今卻吵得不可開交。

《三國演義》中，作者羅貫中為了突出諸葛亮的智絕，把周瑜刻畫成了一個心胸狹隘的人物。原文中說：「周瑜覽畢，長歎一聲，喚左右取紙筆作書上吳侯。乃聚眾將曰：『吾非不欲盡忠報國，奈天命已絕矣。汝等善事吳侯，共成大業。』言訖，昏絕。徐徐又醒，仰天長歎曰：『既生瑜，何生亮！』連叫數聲而亡。壽三十六歲。」一句「既生瑜，何生亮」，就可以看出周瑜對諸葛亮的妒忌之意，雖然歷史上的周瑜本是心胸寬廣、智計過人的翩翩君子，但小說中虛構的歷史故事和人物也不難映射出一些人的心理——不承認他人的優秀，不願向他人學習，自己在日復一日的妒忌中變得越發渺小。

第三，自我否定的投射。這是指我們討厭自己的某些想法和行為，無法接納這部分的自己，所以就將這種行為投射給他人，最終表現為對他人行為的討厭。這種討厭可能暗藏著我們內心的渴望，當我們對自己存有批判與不接納，這種討厭就會轉移到他人身上。

我之前接待過一位來訪者，她是一位不喜歡打扮的媽媽，她很討厭那些在妝容、穿著上打扮得很精緻的女人，評價她們濃妝豔抹、作風不正派。不僅如此，她還嚴格禁止女兒化妝打扮。當我們一起探索了她的成長歷程後發現，其實這位媽媽的心中一直隱藏著一個渴望化妝的自己，只是在她第一次拿起口紅的時候，被她的媽媽狠狠責罵了，這才一直壓抑了自己化妝打扮的欲望。

第四，創傷後壓力症（PTSD）。創傷後壓力症是指個體經歷、目睹或遭遇一個或多個涉及自身或他人的實際死亡，或受到死亡的威脅，或嚴重受傷，或軀體完整性受到威脅後，所導致的個體延遲出現和持續存在的精神障礙。簡單來說，我們討厭一個人很可能是因為對方和曾經傷害過我們的人很像，他的長相、性格、說話方式，乃至帶給我們的感覺，總是把我們帶回到曾經被傷害的情境中。一個人和傷害過我們的人類似，很容易成為我們的激痛點，觸發我們曾經的感覺。所謂「一朝被蛇咬，十年怕井繩」，有時候我們不是真的討厭對方，而是將曾經被傷害的經歷轉移到了現在這個人身上。

在李安導演的電影《比利．林恩的中場戰事》中，關於戰爭的記憶成了十九歲的德國士兵比利．林恩永遠揮之不去的傷痛，人群的吶喊、採訪、噴出的煙霧都會把他重新帶回到戰爭的場景中去，因此他恐懼、厭惡這些大的聲響。電視劇《不要和陌生人說話》裡的安嘉和，由於演員馮遠征對角色演繹得出神入化，導致他家暴的形象深入人心，即使在戲外也被人厭惡懼怕。我們討厭的其實是這個家暴的角色，而演員作為這個角色的載體，承載了觀眾們對家暴男的厭惡。

包括有些情侶不歡而散後，看到和前任長相相像或者感覺相像的人，心中可能也會升起一種莫名的討厭。

第五，邊界的侵入。你是否遇到過坐捷運時手機聲音外放的人，或者在別人午休期間大聲講話的人？可能是出於從小接受的道德教育，也可能是出於被打攪的憤怒，我們會對這些行為沒來由地生出討厭。這種討厭背後的動力其實是他們侵犯了別人的邊界。公共場所不同於私人區域，為了維護更好的生活場景，會有些約定俗成的規則來作為我們的權利與義務，比如城市道路區域禁止鳴笛、公共區域禁止抽菸等。我們一方面受制於規則，另一方面又受到規則的保護。當有一些人破壞規則時，就是對他人邊界的一種侵入。

如何處理討厭

你有很討厭的人嗎？討厭這種感覺會經常在你身上發生嗎？如果答案是肯定的，那我們可能要覺察下，這種討厭是否會讓我們感覺孤獨呢？一個「事事討厭」的人，會在不知不覺中和很多人都切斷了連結，漸漸地，這個人會感覺自己似乎活成了一座孤島。那麼，如何處理討厭呢？

第一，當我們感覺討厭一個人時，我們要辨別清楚是討厭他這個人本身還是討厭他的某種行為。喬治·G·艾倫曾在《創傷與依戀：在依戀創傷治療中發展心智化》這本書中提及「心智化」的含義，「心智化」與「正念」一樣包含多個層面的含義，主要指人理解和解讀行為與心理狀態的關聯的能力。簡單來說，心智化的能力就是對自己心理狀態的覺察。

我們可以使用心智化的能力來分析討厭的是對方本人還是對方的某個行為，以及這個行為為什麼會讓我們討厭。比如當一個妻子說她討厭丈夫時，我們就可以幫助她分析，她討厭的究竟是她的丈夫，不想和丈夫再維繫這段婚姻，還是討厭丈夫睡覺打呼、不愛乾淨的行為。如果只是討厭丈夫的這些習慣，那麼也許讓丈夫調整一些行為，來照顧妻子的感受，這些討厭就能夠處理。

第二，我們要區分清楚是討厭對方，還是討厭與對方相處時，對方眼中的自己。我們常說「以人為鏡，可以明得失」，當我們身處一段關係中，會非常重視對方對我們的評價。但是有時候他人的評價猶如一面哈哈鏡，有失偏頗。如果我們對他人的負面評價深信不疑，就像相信鏡子裡照出的很醜很胖的人就是自己一樣，我們也肯定會討厭這面鏡子。畢竟，這個世界上，幾乎沒有人會喜歡一個時刻打壓自己的人。

第三，有時候我們討厭的是打破我們幻想的那個人。童話故事《國王的新衣》裡，國王被兩個狡猾的裁縫欺騙，一絲不掛地走在街上，只有一個孩子說出了真話，國王因此顏面掃地。這時候，國王最討厭不是那兩個裁縫，而是那個說了真話的孩子。所以想想看，我們討厭的那個人，會不會剛好是那個戳破了我們幻想、說了真話的人？我們討厭的是真相還是叫醒我們的人？如果可以覺察這一點，我們也許會認真思考對方的話語和意圖，或許我們因為真話感受到了傷害性的體驗，但也因此走出了自欺欺人的迷局。

第四，警惕自卑的陷阱。我們剛剛說到討厭有可能是源於他人強大，自己弱小。就好像很多孩子上學後，都不能適應學校的生活。他們會在結束了一天的課程之後，回家和爸爸媽媽說自己明天不想去上學了。究其原因，可能是孩子在上學時被某個同學欺負了，被小朋友搶走了玩具……等等。孩子一方面討厭欺淩者，說他們是壞孩子；另一方面自己又無能為力，只能逃避。

所以我們發現，當我們弱小、無力與他人對抗時，只能給對方貼上「壞孩子」、「霸道不講理」之類的標籤。大人也是如此，有時候我們討厭的人越多，可能恰恰說明我們內在力量的薄弱。這時候討厭不會讓我們變得更強、更有力量，只會讓我們自我逃避。

8 嫉妒

嫉妒與羨慕

很多人喜歡說「羨慕嫉妒恨」，似乎這三者是層層遞進的關係，彼此只是程度不同。事實上，嫉妒與羨慕背後其實有著不同的心理動力。

設想一下，當我們說嫉妒某人時，我們的感覺是怎樣的？或許我們會感覺自己是糟糕的，別人是好的；又或許我們感覺原本自己擁有的東西將要被他人奪取。我們會拿自己與他人做比較、爭高低，一旦稍有不足，就會借此來否定自己，忌恨他人。

羨慕更多存在於「我沒有但他人有」的場景，更多時候羨慕是因為我們嚮往他人所擁有的，比如想獲得與他人一樣的權力地位、物質財富，如果對方是我們的「偶像」，我們還有可能想要成為他、超越他。

有時候羨慕和嫉妒是並存的，當我們感覺收到的禮物不如別人好時，我們會感覺羨慕（他收到的禮物似乎更好），同時也感覺嫉妒（似乎他比我更受大家喜歡）。雖然嫉妒與羨慕背後的心理動力不同，但就本質而言，它們都夾雜著些許自我懷疑，也都是在與他人的比較中產生的情感。

嫉妒的兩種類型

嫉妒大致可以分為兩種：競爭的嫉妒和被無視的嫉妒。

◇競爭的嫉妒

有一位來訪者曾和我分享她和她閨蜜的故事：愛麗絲是一個二十五歲的女性，從小成績優異，畢業後在大企業工作，和一位愛她的先生組建了家庭。她有一個從小玩到大的閨蜜，對她來說「像一個魔咒一樣」。

愛麗絲說：「她好像什麼事都壓我一頭，每次考試都比我考前幾名，大大小小的比賽如果我是亞軍，她就一定是冠軍。高中時她身邊有好多追求者，其中一個還是我暗戀的男生。如今我們都有各自的生活和家庭，可這種感覺一直都在。我內心很嫉妒她，甚至有點恨她。前段時間她跟我說她離婚了，我雖然替她難過，安慰她，但是心裡有另一個開心的聲音在縈繞，尤其是想到我有一個愛我的丈夫，我就更加竊喜。她是我從小到大最好的閨蜜，但我對她的一切情感都讓我感覺矛盾和衝突。」

愛麗絲的故事可能也發生在我們身上：身邊有一個優秀的朋友，我們內心天然會生出嫉妒之心，我們會把這個朋友作為量尺，處處拿自己和他做比較。若是在比較中勝出，或是看到他的不幸，我們就會暗中高興。也許出於道德或情感，我們不會表露出來，但這種感受會真真實實地存在於我們的內心。若是在比較中失敗，我們又會無比自責，覺得自己無用無價值，激發出濃烈的恨意，而這種恨意更多是把自己的無力感用另一種方式呈現。

愛麗絲的嫉妒被我們稱為「競爭的嫉妒」。這種競爭最早可以追溯到我們嬰兒時期的心理發展，精神分析中稱其為「伊底帕斯情結」。

「伊底帕斯」這個名字源自一個古希臘神話，伊底帕斯王子陰差陽錯殺死了自己的父親，娶自己的母親為妻，佛洛伊德認為這個故事恰好反映了兒子愛母憎父的本能願望和女兒愛父憎母的本能願望，所以就以「伊底帕斯情結」命名，其中的衝突也被稱為「伊底帕斯三角衝突」。

我們每一個人在嬰兒時期對同性父母的競爭和排斥，對異性父母的佔有和聯結的渴望，就是伊底帕斯三角衝突。愛麗絲競爭的嫉妒原型就來自她曾經和母親的競爭。

◇被無視的嫉妒

在《天龍八部》裡，馬夫人是丐幫副幫主馬大元的妻子，金庸先生這樣描寫她的美貌：

「她聲音清脆，背影苗條，嬌怯怯，俏生生，一雙眼睛亮如寶石，眉目清秀，相貌頗美，而在眉梢眼角之際，又微有天然嫵媚……」如此佳人本該眾星捧月人人傾心，但她在喬峰面前碰了壁。洛陽百花會上，縱使她千嬌百媚，喬峰也並未正眼看她，嫉妒之心由此而生，她決意毀掉這個無視他的男人，以至於後來在江湖上掀起一陣腥風血雨。

馬夫人對於喬峰的嫉妒，正是一種被無視的嫉妒。試想，如果我們一直引以為傲的東西，有一天被我們認為重要的人棄如敝屣，這時內心是何等的煎熬。嫉妒一定是痛苦的，處於嫉妒中，我們不肯放過自己，也不肯放過他人。

法國作家拉羅什福科（Franðcois duc de La Rochefoucauld）在《道德箴言錄》中說：「在嫉妒中，自愛的成分多於愛。」這裡的「自愛」更多意義上是對自己的關注，精神分析中稱之為「自戀」。簡單來說，這句話是說：當我們嫉妒他人時，更多只是在意自己，他人也許只是我們完成自我目標的一個工具，在這樣的關係中，我們並沒有真正地看見對方，也沒有真正尊重對方。

嫉妒背後的爭奪

那麼，通過嫉妒，我們想要得到什麼呢？

首先，嫉妒的爭奪是一種獲得感的爭奪，我們想要補償他人有但我沒有的東西。這裡要引入一個精神分析的概念：「陰莖嫉妒」（penisenvy）。佛洛伊德認為，女孩發展到伊底帕斯期會對自己的性器官產生興趣，當她發現自己不像男孩擁有陰莖時，會感覺自己是缺失的，而且這種缺失是天生的，無論如何努力都無法彌補。由此，她的內心中會體驗到絕望感或者失敗感，當她無法接受這種無力時，嫉妒便誕生了。關於這一點後文會詳細講到。天生身體有殘疾的孩子，在關係中也更容易出現嫉妒他人的情況，這是因為他們在更小的時候就感受到了那種無論自己如何努力也無法和別人一樣的無力感。

其次，嫉妒的爭奪是一種價值肯定的爭奪。在職場上，同樣職位的年輕人做著同樣的事情，但是其中有一位被主管更加青睞，似乎在主管眼中，他為這個團隊做出的努力更多。那麼，這個人就有可能會被其他的同事嫉妒。有一部分人可能會把這種嫉妒轉為競爭，而另一部分人有可能轉為否認那個人的價值，甚至孤立他。這種爭奪，就是價值肯定的爭奪。

最後，嫉妒的爭奪是存在感和被關注的爭奪。存在感與被關注，可能對一些人來說無關緊要，但是對於被忽視的人來說，這兩種體驗是極其重要的。重要到什麼程度呢？我曾在網上看過一個新聞，說一家裡生了三胞胎，三個孩子長得一模一樣，以至於爸爸媽媽都經常搞混。有一次餵飯，老大老二一人被餵了兩次，老三卻一口都沒吃到。要知道，對於還在繈褓、只能依賴他人生存的嬰兒來說，這一口食物事關生死。若孩子從小被忽視、被區別對待，家長也未能及時覺察自己的疏漏，那麼孩子將一直處於低安全感的狀態中，更容易產生嫉妒之情。

嫉妒的產生

我們先來看競爭的嫉妒。如前面的愛麗絲對同性的嫉妒一樣，嫉妒最初發生在孩子與同性父母之間。在古典精神分析中，女性在伊底帕斯期會經歷四個階段：

前伊底帕斯期一般出現在四歲前，這個時候女孩感覺自己和媽媽是一體的，她會想像自己擁有陰莖，並因此產生一種無所不能的全能感，這個時期的女孩會滿足或配合媽媽的一切需要。

隨著成長到了孤獨期，這時女孩發現自己沒有陰莖，與男孩不同，而且並非無所不能，這種挫敗感讓她感到羞恥，甚至自卑，她會羨慕男孩，同時也會怨恨母親。

到了伊底帕斯情結期，這個時期的女孩對父親會有性欲化表現，會幻想擁有父親，將欲望指向父親，比較典型的一個現象是有些女孩在小的時候會說「我想嫁給爸爸」、「我要和爸爸結婚」這樣的話。處於情結期的女孩會產生亂倫焦慮，對父親的性欲化也讓她處於與母親的競爭中；當她覺得自己不如母親時，就會產生嫉妒。

一個母親能否接納來自女兒的競爭，對女兒自我的性別認同尤為重要。一個「好母親」會允許和接納女兒的競爭，女兒會在與母親的關係互動中接納自己的性別，認同自己女性的身分，並獲得身為女性的價值感與自豪感。如果女兒的競爭沒有被母親接納，甚至被拒絕、否定、打壓，則會讓女兒陷入自我懷疑。

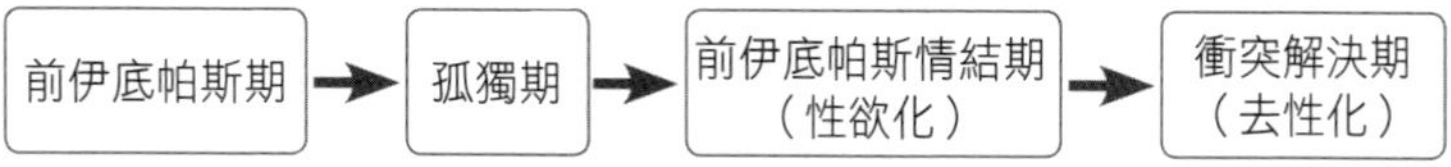

伊底帕斯期四階段

解決伊底帕斯衝突需要完成對異性父母的去性化。這時女孩會放棄對父親的欲望指向，轉而尋找其他男性，也會放棄對陰莖的幻想，接納自己女性的身分。完成這些，也就完成了從女孩到女人的過程。

競爭的嫉妒大多源於三元關係，而被無視的嫉妒則源於二元關係。

精神分析學家梅蘭妮・克萊恩（Melanie Klein）認為，在成長過程中，我們會經歷一個分裂的時期。開始我們認為自己和媽媽是一體的，我們餓了，媽媽會用乳房餵我們；我們哭了，媽媽會來哄我們。但漸漸地，我們發現媽媽並不會滿足我們的所有需要，可能我們餓的時候是在深夜，但媽媽還在睡覺，沒能第一時間照顧我們，這時候我們便有了「好媽媽」、「壞媽媽」之分。「好媽媽」是那個可以隨時滿足需要，讓我們擁有愉悅體驗的好客體，而「壞媽媽」則是那個不能及時滿足我們、忽視我們、無視我們，讓我們傷心難過的壞客體。這個「壞媽媽」的角色到後來就成了我們嫉妒的對象。

小時候被重要客體的忽視體驗，會更容易激發出我們的嫉妒之心。

無論是競爭的嫉妒還是被忽視的嫉妒，嫉妒都存在於我們身邊的各種關係中。

曾經有一位爸爸跟我抱怨，他發現自從孩子出生，他就被妻子從身邊趕走了。他忽然覺得自己再也不是妻子生命中最重要的人了。妻子幾乎把所有注意力都放到了孩子身上，曾經對自己的照顧也都漸漸轉移到了孩子身上，他越想越不對，終於有一天他忍不住去跟自己年僅三歲的孩子攤牌：「這個床是我的，你應該睡在你的小床上！」

不僅是爸爸，媽媽也會經歷類似的過程。如果一個媽媽幼時在與自己爸爸的關係中受挫，而後又未經處理，那麼當女兒與丈夫表現親密時，就有可能導致媽媽對女兒的嫉妒。尤其當女兒跟爸爸親近的那一刻，媽媽小時候的那種不受喜歡的感覺會被激發，並被迫重新體驗一次。

嫉妒是一面鏡子，讓我們以他人為量尺來評價自己；但嫉妒是一面哈哈鏡，因為我們在這面鏡子中看到更多的是我們的不足之處。嫉妒同樣是一味毒藥，它會把我們的親密關係、有深度連結的關係、由愛連結的關係變成以恨連結的關係。很多駭人聽聞的新聞中，當事人就是因愛生妒，因妒生恨，因恨殺人。如果我們沒有很好地轉化內心的嫉妒，嫉妒可能會成為傷己傷人的利器。

嫉妒的轉化

那麼，我們如何轉化內心的嫉妒？

我們必須要承認的是，嫉妒之心是我們天然存在的一種本能，是構成人類情感的基本組成部分。

分享一個關於我的嫉妒之心的故事。我在青春期時轉過一次學，轉學後沒幾天，同學邀請我參加一個學校的聚會。聚會中除了有我認識的四個同學，其他人我都不認識，所以當時，我更希望能和他們四個人組成團隊。但是很顯然，我過於理想化了，那天的實際情況是：他們走進人群後都在各自社交，那位邀請我來聚會的同學在和我打過招呼後，就把我「扔」在一邊，而且也沒有把我介紹給其他同學的意思。

那一刻，我忽然有了一種不被接納的感覺，我有一點恐懼，甚至生出一個念頭：「我不應該來參加這個聚會。」看到大家都在享受聚會，我顯得格格不入，我先是感覺到陣陣羞恥，隨後嫉妒之心開始發酵：「他們一定是故意冷落我的。」我開始對他們心生怨懟。

那次聚會後，我和這幾個同學的關係並沒有變得親近，尤其是那個邀請我的同學，表面上我們還是同學，但背地裡我暗中把他視為學習的競爭者。每當我的成績比他好那麼一點點時，我就覺得十分開心；但是當他的成績比我高出哪怕只有一分，我就會感覺憤怒，尤其那時候成績公布是張貼在牆上，每次所有人都會圍在一起看榜，這時，如果他臉上露出一點點笑容，我都會覺得：「他是不是在故意取笑我？」

嫉妒的人一定是孤獨的，因為他把自己放在了所有人的對立面，就好像我的這段經歷一樣。當我再長大一些，回看這個同學，回看這些事情，我發現其實同學並沒有做錯任何事，他並沒有針對我。我和其他人一樣，都是收到邀請來參加聚會的人；而且我身為一名新同學，他邀請我來參加聚會也許更多是出於善意，因為他的邀請讓我有機會接觸更多人，幫助我更快融入新團體。但當時的我都在與自己的嫉妒之心鬥爭，並沒有注意到這些。如果當時我大方地走過去，告訴這位同學：「謝謝你邀請我參加這次聚會，我很想認識一些新朋友，可以把他們介紹給我嗎？」故事的結局也許會完全不一樣。

嫉妒是我們生而為人都會有的感受。坦然承認嫉妒之心，可以讓我們不被其控制。我們不需要否認嫉妒，我們需要改變的是處理嫉妒的方式。有些人將嫉妒以一種暴力表現出來，在肢體上傷害他人。也有些人將嫉妒轉移到競爭中，試圖在某種競賽中贏過對方、超越對方，以此來獲取關係中的平衡。這都是我們每個人可以做出的選擇。

世界上只有不斷追求完美的人，但不會有完全完美的人，如果我們接納自己的平凡，不去過分誇大自我，也不去過度貶低和否定自我；如果我們能承認自己力所不能及的部分，也肯定和承認自己做得好的部分，我們的生活會更自在、更自由。就像剛剛的例子，當我承認自己當時的恐懼，也去重新理解那個同學的行為的那一刻，我的嫉妒似乎也得到了轉化，我不再被他或被我的情緒捆綁，感受到的世界也不再是惡意，而是有了更多的善意。

9 釐清關係中間的角色

關係中，每一個角色都是重要的

說到角色，我先給你講個故事。

我生活在江蘇，小時候經常會在一些傳統節日裡看到舞龍燈。各地龍燈的樣子各有不同，但基本都是一個舞者拿著龍珠在前面引導，然後一個人舉著龍頭，後面幾個人舉著龍身，最後一個人舉著龍尾，一起讓手中的龍上下左右翻動，作飛舞之狀。

舞龍燈時會有這樣一個過程，就是儀隊會到住戶家裡舞一段。這時，拿龍珠的人會先進入房間，接著龍頭、龍身也跟著進來；可是那個舉龍尾的人一直待著外面，站在門口晃來晃去，就是不進門。所以小時候的我覺得，拿龍珠的人是最威風的，他指揮著整條龍！而舉龍尾的人好像可有可無。

長大以後，我再思考整個舞龍的過程，我發現無論是站在前面拿龍珠指導的舞者，還是最後舉著龍尾看起來可有可無的舞者，每個人實際上都承載著自己的角色功能，並且都是不可或缺的。

二〇一八年香港金像獎頒獎典禮，國際巨星成龍親自上台，把一個獎項——專業精神獎——頒給了一個在劇組負責端茶倒水的女性。頒獎時，坐在台下的明星劉德華帶頭起立並鼓掌，全場所有人隨即也都站起來為她鼓掌，風頭一度蓋過領獎的其他明星大牌。

這個女性是誰？專業精神獎是什麼獎？

後來我知道，這位獲獎者叫楊容蓮，大家都稱她「蓮姐」。她既不是明星，也不是幕後製作人員，但影視圈內的人都認識她。她就是個普通得不能再普通的茶水工，每天負責為劇組裡的每個人端茶遞水，可她一幹就是三十多年。無論春夏秋冬，她總是適時地為大家遞上一杯溫度適宜的茶水。她費心地記住每個人的喜好，從不怠慢任何一位演員、劇組人員，真正做到了以誠相待。

把一件小事做到極致，一位茶水工也能在自己的崗位上做出擲地有聲的成績。在這個角色上面，所有人都認可她的貢獻，為她數十年如一日的堅持與敬業動容。

很多時候，我們覺得一些角色在關係中不重要，或者存在感比較低，其實他們都是整個關係中不可或缺的一部分。就像戲劇行業中流傳著的那句話一樣：沒有小角色，只有小演員。在家庭中、職場中，這句話也都同樣適用，無論每個角色貢獻大小，他們都各司其職，在整個系統中發揮著作用。

釐清關係中的角色定位

我們在面對任何一段關係時，都會想到自己在其中的角色。比如：在和父母之間，我是兒子的角色；在和孩子之間，我是父親的角色；在和工作夥伴之間，我可能是一個領導的角色，也可能是一個朋友的角色……等等。與此同時，我們面對任何一段關係時還要明白，我們的角色在其中涵蓋了哪些內容，或者說這個角色對於我們來說意味著什麼。

舉個例子，我在諮詢過程中發現，在一些親密關係中，妻子經常會指責丈夫，抱怨他根本不像個男人、不是個合格的丈夫，並大吐苦水。這就意味著，在妻子眼中，丈夫在家裡所扮演的角色並沒有達到妻子的期望，或者說沒有做出符合妻子期望的貢獻，有時甚至還會給家庭添亂。

這就提醒我們，無論是作為丈夫，還是作為關係中的其他角色，都要釐清自己在關係中的角色定位。就像一部戲有劇本一樣，劇本中的每個角色都有自己的性格特點，也有自己的角色道具、化妝、服飾、台詞，以及該角色何時入場、何時出場、需要發揮哪些作用……等等。一旦你進入自己的角色後，你會發現這個角色給你帶來的影響。但不管是什麼樣的角色，通常都具有以下三個特點：

第一，每個角色都有自己的功能：在生活中，每種物品都有它特定的功能，角色也一樣。以女性為例，她在不同關係中的角色也都發揮著不同的功能。她是父母的女兒，小時候接受父母的養育，長大後要孝敬年邁的父母；她是丈夫的妻子，需要和丈夫相互關照，彼此扶持；她是孩子的母親，需要養育孩子到十八歲成年；她是公司的職員，需要好好地完成自己的工作……等等。這些功能有的來自天性，比如作為母親，哺育孩子就是她的天性；有的則來自社會的要求，比如身為社會的一分子，需要為社會做出貢獻。

第二，每個角色都有相應的權利：不同的角色具有的功能不同，擁有的權利也不同，父母有管教孩子的權利，孩子有受教育的權利。夫妻有平等處理夫妻共同財產的權利，雙方共用收益，共擔風險。這都是不同角色擁有的權利。

第三，每個角色都有特定的價值：在關係中，每一個角色都是有價值的，有價值就代表有貢獻。對於每個人來說，當你要與他人建立關係時，一定會考慮對方能給你帶來什麼樣的價值和貢獻，否則你不會費心去建立並維護關係。而每個人想要別人給予自己的價值和貢獻是不一樣的，有的人得到別人的一句誇獎就能心花怒放，有的人得到別人深厚的恩惠卻仍然感到不滿足。

有些時候，我們可能會聽到有人說：「他真是一點用都沒有！」在親密關係中，這句話說出來的那一刻，就意味著這段關係到了邊緣，因為你已經看不到對方的價值了。同樣，如果我們被這樣對待，也意味著我們的價值無法再被他人看見，我們在這段關係中失去了自我價值。這令我們感到痛苦和委屈，為了證明自己的價值，我們可能會運用各種各樣的方式，甚至做出極端行為。

舉個例子，我有一位朋友，他告訴我說，他媽媽自我價值感比較低。在家裡，媽媽一直覺得自己是個「老媽子」的角色，經常抱怨自己是一家人的保姆，家裡大小事情都需要她來操持。每當他和爸爸都在家，哪怕坐在沙發上看一會兒電視，他媽媽就一定會把吸塵器開得很響，然後在他們面前打掃，邊打掃邊抱怨：「你們看看這裡有多髒，要是沒有我，你們每天就只能住在豬圈裡！」

如果他和爸爸起身去臥室，她就會跟到臥室去打掃，並且繼續說：「看你們把房間搞得這麼髒！」如果他們去廚房，她就再去廚房打掃……總之，她一定要在丈夫和兒子面前做事，並且還要抱怨他們不肯做、太懶。如果他們告訴她：「你可以不用做，我們自己也能做！」她不僅不認同，還會更加生氣地反問：「你們能做什麼？」然後繼續邊做邊抱怨。這位朋友問我，他到底該怎麼做，才能讓他媽媽不再這樣？

實際上，這位朋友之所以不能理解他媽媽的行為，是因為他不在媽媽的這個角色當中，也沒有看到這個角色的需求，所以才不知道該怎麼辦。而我給他的建議是，跟媽媽說三句話，第一句話是：「是的媽媽，如果沒有您，我根本就不可能出現在世界上。」其次告訴她：「如果沒有您，我感覺自己的生活真是太難了！」最後再告訴她：「這個世界上沒有誰會像您一樣對待我，您就是我生命中最重要的人。」

這三句話，本質上是在肯定媽媽的價值，但這裡有個問題，就是當一個孩子停留在被媽媽指責的角色中時，他是不願意費心思去哄媽媽的。所以，我猜他最終可能也沒能對媽媽說出這些話。

你看，這就是關係中一些很矛盾的地方，我們明明知道這樣做是對的，但就是不做；我們也明明知道那樣做容易引發矛盾和衝突，卻又偏偏那樣做。為什麼呢？原因就是我們身上有著多種多樣的角色，我們期待對方能夠看到我們的角色，而這些角色之間又有著很大的差異，存在很多的衝突。

關係中的越位與攬責

縱觀我接觸的個案，以及多年來對人與人之間關係的研究，我發現，在角色的權利中有兩種情況特別影響關係的和諧，經常會引發一些問題。這兩種情況一個是越位，另一個是攬責。

什麼是越位？

簡單來說，就是這明明不是你的本分，不該由你來管，你卻偏偏去管。一個成年人如何從青澀走向成熟是他自己的事，但總有些人喜歡扮演老師、主管或家長的角色，去給予這個人各種各樣的所謂的成長指導。其實我們內心都很清楚，對方是一個可以自己成長、自我負責的人，但總是忍不住想要代替他行使這個權利。這就是一種越位的表現。

什麼是攬責？

舉個例子，現在很多家長都會陪孩子寫作業，還經常被孩子的作業問題搞得焦慮萬分。而實際上，作業屬於誰的責任？屬於孩子的責任，家長的介入其實是把本該由孩子承擔的責任攬到自己身上了。這就是在攬責。

我經常跟孩子說的一句話就是：「寫作業是你的責任，也是你必須要做的事情，這件事我不管，你要自己承擔這個責任。」然後我發現孩子自己也能做得很好。

但有些家長就很焦慮，擔心孩子作業寫不好，或者發現孩子作業沒寫好，就趕緊去跟老師解釋。為什麼要你去解釋呢？這是孩子的事情、孩子的責任，過度攬責只會讓孩子更加無法獨立完成作業。

所以你會發現，在關係中，很多人經常弄不清自己的角色是什麼、權利是什麼，做事也很容易越位或攬責。這是很多人在角色中產生混亂的一個重要原因，也就是我們常說的缺乏邊界。

釐清關係中的自己

曾經有人問我：「如何才能建立一段平等的關係？」

我反問他：「你想要的平等是什麼樣子的？」他一時語塞，不知道怎麼解釋。

實際上，每個人對平等的理解都是不一樣的，每一種角色也都有不一樣的平等。作為孩子的角色，平等是父母能夠尊重自己，把自己看成一個獨立的人，或者能讓自己獲得與兄弟姐妹一樣的對待。作為一個妻子，對平等的理解可能就更不一樣了，由於男女之間的天然差異，絕對的平等難以實現，只能尋求相對的平等，把各自在家庭中的貢獻和價值最大化，讓每個人都發揮相對完整的功能，這種平等才有可能發生。也就是說，夫妻之間的平等，需要彼此雙方能夠在關係中相互配合，否則，你們的關係就很難真正平等。

當我們想要尋求關係中的平等時，其實要的可能只是對方的一個積極的回應或及時的滿足。但如果我們內心中還住著一個孩子的話，在要求這種回應和滿足時，就又會導致關係中角色的混亂。

心理學家伯恩（Eric Berne）在「交互分析療法」中把人格分為三種狀態，分別為孩子狀態、成人狀態和父母狀態。如果我們把自己當成孩子，使自己處於孩子狀態，對方就很容易用父母狀態來配合我們，這時原本平等的關係發生了傾斜。孩子狀態代表我們希望能有他人（父母／客體）為我們的感受負責。比如：「我不開心了，你要哄我開心」、「我闖禍了，你要為我收拾爛攤子」……這樣的行為看起來輕鬆，但實際上是放棄了關係中平等的權利。

而角色一旦不平等，關係往往也開始混亂，因為既然我為你負責，那麼我就有一些權利能幫你做主，替你做決定。這也是很多「媽寶男」沒有能力獨立，無法自己做主，只能聽從媽媽的狀態。一個成年人，只有能夠為自己的情緒和感受負責時，角色才會平等，也才有可能建立一段平等的關係。

在我經手的個案中，我經常會問來訪者這樣一個問題：「你在婚姻中的親密關係是屬於誰的？」很多人會回答說是屬於「我們倆」的，這個回答沒錯，但同時我們也要看到，這段關係除了「我們倆」，也同樣是屬於我的。如果兩個成年人在婚姻中彼此推卸責任，事事都要對方為自己負責，那麼這段關係就很難成為彼此的滋養，反而會成為雙方的負擔。如果有了孩子，還有可能成為孩子的負擔。角色功能不良的家庭，容易養成功能不良的孩子。

什麼是功能不良？

簡單來說，就是父親沒有發揮父親的功能，母親也沒有發揮母親的功能——父親和母親可能都在扮演著孩子的角色，沒能好好行使父親母親角色的權利。

以那位邊做家務邊抱怨丈夫和兒子的媽媽為例，我相信她所扮演的就是一個為家庭付出的人，她感覺很受傷、很委屈，甚至在指責的背後還有很多憤怒的情緒，她需要別人來承認她的貢獻。但問題在於，她又不願意換掉這個角色。哪怕她的丈夫和兒子說「你可以不用做這些」，她也不肯放棄。她在家庭中扮演的不僅僅是一個妻子、一個母親，而是一個沒有被很好對待、受傷的、不停付出的角色，並且她也會在無意識中認同自己的這個角色。

我後來與這位女士有過短暫的溝通，我問她：「既然你感覺這樣很不開心，為什麼還非要做呢？」她說：「沒辦法呀，他們都不負責任！老公就像個孩子，什麼都不管，而且婆婆也讓我多管管他——是他媽媽把管教他的任務丟給了我，我不能不管他。」

但我覺得事實並不是這樣的，我告訴她，可能她的內在渴望有一個事事照料自己的媽媽，因此自己在家庭關係中便扮演了這樣的媽媽。也就是說，這個角色是她特別渴望但又沒能獲得的，也就是我們所說的內在匱乏的狀態。所以，當她在做這一切時，自己的內在其實也在無意識地認同某個形象，並把這個形象理想化了。這樣做的結果，就是導致整個家庭中各個角色的混亂和彼此的衝突。

如果我們沒有釐清關係中自己「期望的角色」和「扮演的角色」之間的差別，那麼我們就弄不清自己的角色到底是什麼，也意識不到自己扮演著不同的角色，所有的角色加起來才是我們自己。這些角色會在我們身上不斷迴圈，並且每個角色都有它們不同的功能、權利、情感價值、獲益、責任以及義務。

所以說，很多時候，並不是關係給你帶來了內耗，也不是他人給你帶來了焦慮，而是身處這些關係中無法平衡而讓你自己焦頭爛額。明白了這個道理，我們就要多從這個角度去觀察自己，釐清各種關係中自己所扮演的角色，以及這些角色給自己帶來的影響。

Part 3

重新面對衝突

10 自我價值感的衝突

付出者的內心衝突

之前聽過一首歌，歌詞中寫道：「對你付出這麼多，你卻沒有感動過。」短短的兩句話，就道出了所有愛而不得、付出卻得不到回報的人的心酸與無奈、孤獨與失意。回顧過往，在與他人相處的時候，你是否也曾有過一味付出，卻得不到回應的酸楚時刻？是否也曾遇到過對方一直和你強調他的付出的尷尬境況？

這一章我想要講的就是付出者。什麼樣的人容易成為付出者？付出者的內心衝突是怎樣的？付出者最想要得到的是什麼？……等等。

大學畢業後，父母叮囑初入職場的我說：「你一定要好好表現，勤快一點，儘量比別人早一點到辦公室。自己分內的工作認真完成，別人的工作也要多多幫忙。」遵照父母的囑咐，我會比所有人都早到公司，打掃乾淨辦公室，幫同事接好熱水，等同事陸續到了還要告訴他們：「有什麼需要幫忙的，儘管來找我。」

之後我就發現，在工作時間裡，甚至在工作時間外，我做了太多非我分內的事情，我付出了大把的時間和精力在幫他人做事上，這讓我心中難免有些不平衡，但就在聽到他人對我的認可和肯定的那一剎那，這一點點不平衡被吹得煙消雲散。在這個過程中我時刻擔心的，就是他人對我的付出視而不見，或者對我的評價是負面的。

從那個時候開始，我身上就可以看出付出者的樣子，比如向他人極力證明自己的價值，渴望得到別人的肯定評價和積極反饋。精神動力學中定義人內在的衝突之一就是自我價值感衝突，擁有自我價值感衝突的人面對的主要問題是：我的個人價值在客體眼中是否被承認？其恐懼是害怕自己沒有價值。

絕大多數付出者的內心衝突是自我價值感衝突。人們一般通過兩種方式來確定自己的價值，一種是通過外界，另一種是通過自己。但這兩種方式是有先後順序的：當我們還沒有形成穩固的自我形象時，就需要通過外界對我們的評價和回饋，來勾勒我們內心的自我形象。

舉個簡單的例子，小孩子在成長過程中很喜歡問問題，尤其是關於自己的問題。比如畫完畫以後，很多孩子會問爸爸媽媽：「我畫的好看嗎？」搭完積木，會問身邊的其他人：「這是我搭的大橋，我厲害嗎？」這些問題都是孩子在做自我確認，如果接收到的回應是正向的，那麼孩子會對自己形成一個積極的自我形象；時間一長，孩子便會在內心形成穩固的自我形象。如果孩子接收到的回饋是負面的，那麼孩子的自我認知則是消極的、不穩定的。

付出者的三個特點

第一，喜歡強調自己的貢獻。我們常聽到一句俗語：「沒有功勞，也有苦勞。」這好像是每一個典型付出者時常掛在嘴邊的一句話。就像一個幫兒子兒媳照顧孫輩的老人，可能因為兩代人之間的育兒理念不和，在與兒子兒媳發生矛盾時，常常會傾訴自己帶孩子是多麼不容易，不僅要犧牲自己所有的時間全心全意地陪伴孫子，還要給外出工作的兒子兒媳做飯，一點也沒有享受退休之後的生活。

很明顯，當我們將自己定義為一個付出者時，我們就習慣向他人強調自己的價值和貢獻，而且需要對方也一樣認可我們的價值。對方是否願意承認我們的貢獻，這是付出者最擔心的問題。

第二，容易否定他人的付出。有些父母經常抱怨孩子不聽話、不懂事、成績不理想，認為孩子一無是處，對孩子的亮點視而不見。相比之下，作為父母的他們卻辛勞付出，比如為孩子報了多少個補習班，花費了多少時間接送孩子，因為需要照顧孩子而放棄了很好的工作機會等。他們無限放大了自己的價值，卻忽視了孩子的付出，他們忘記了很多個下班後的夜晚，孩子想要為疲憊的他們捏肩捶背；很多個普普通通的週末，有孩子的陪伴才多姿多彩；很多個失落的瞬間，因為孩子一句童言無忌的話語茅塞頓開……否定孩子的價值不僅會讓孩子感覺內疚和羞恥，還會讓孩子自卑，甚至自暴自棄。

中國知名女演員傅首爾曾講過這樣一個很讓人動容的故事：「我十歲那年，吃到了人生中第一塊生日蛋糕，奶油又香又硬。我媽在旁邊看著我吃，告訴我這個蛋糕有多貴，為了滿足我這個願望，她得吃多少苦。」被父母的犧牲感、愧疚感綁架的孩子，哪怕從父母那裡得到的是禮物，也是帶著刺的禮物。

第三，在關係中有更強的掌控感。為什麼很多付出者都喜歡說我的付出不需要回報？原因很簡單，因為一旦接受了他人的回報，他們和對方的關係就平等了，他們在道德上的優越感就不復存在了。而作為一個付出者，他們需要的感覺是對方對自己有所虧欠，所以他們的自我犧牲在某種程度上來說，是為了在關係中獲得更強的掌控感。

付出與索取

很多家庭中的媽媽，常常扮演著付出者的角色。她們要兼顧工作與家庭，每天忙裡忙外，沒有時間娛樂和休息。反觀其他家庭成員，孩子沒有自理的能力，凡事先開口叫「媽」；孩子的爸爸下班回來往沙發上一躺，安然地滑過一個又一個短影片，根本不幫忙。媽媽時常抱怨孩子不能獨立，讓她操心；孩子的爸爸仿佛失聰又失明，聽不到叫他幫忙的聲音，也看不到家裡需要做的事。通常遇到這樣的來訪者，我會問她：「在這樣的關係中，你得到的好處是什麼？」一起初她會抗拒反駁，說：「我怎麼可能有好處？」但當她冷靜下來，真正問自己的時候，她發現其實是她將丈夫與孩子置於了索取者的位置。

生活中，她可能出於對丈夫的愛與關心，在丈夫工作一天後回家，什麼家事也不讓他做；可能出於對孩子的不信任，覺得他沒有照顧自己的能力，所以大包大攬，什麼都由自己來負責。長期處於這樣的模式下，孩子和爸爸自然而然就成了索取者。孩子不聽話了，媽媽就和孩子講自己多麼辛苦、多麼不容易；和丈夫吵架了，媽媽就強調自己的犧牲和價值，控訴對方對家庭貢獻少。而作為索取者的一方，因為離不開付出者，或者離開付出者會讓他們心懷愧疚，也會在關係中多方面權衡。

直到有一天，索取者幡然醒悟，孩子開始自覺地完成作業，不再需要媽媽催；丈夫開始做家務，讓妻子不再那麼辛苦。這個時候自我價值感低的付出者就發現，自己的存在似乎沒有意義了，就像台下沒有觀眾的演員在自說自唱，再也不能從他人眼中找到自己的價值。

親密關係是一種合作關係，無論是伴侶還是親子，都是如此。如果我們在關係中充當一個絕對的付出者，那麼這不僅會讓我們深陷痛苦，也在無意間把對方定義成了一個只知道索取的自私的人。

人際關係中有一種模式被稱為「角色互換模式」，有點類似於精神分析中的「施虐／受虐模式」。舉一個例子，一個孩子被恐嚇，他覺得對方要傷害他，感覺很害怕，於是他就閉著眼睛揮舞著拳頭想要保護自己，他的目的就是不讓對方靠近他、傷害他，但他並沒有想到揮拳保護自己的動作，有可能也會傷害到其他人。這樣的人，既可以把自己定義為受害者，又可以把自己看作迫害者。一個受虐的人可能同時也是一個施虐的人。

我們說的人際關係中的逆轉模式也是這個道理，一個付出者同時也可能是一個索取者。他索取的是他人對自己的肯定和認可，如果他人無法給出如此回饋，他就會把對方定義為一個不懂感恩、只知道在意自己的人。

付出者的內在其實是非常自戀的，他們認為自己的付出就理應獲得感謝和褒獎，如果對方沒有給予他們這樣的回應，他們就會不斷地強調自己的付出，讓對方感覺內疚和羞愧。就像一個溺愛孩子的媽媽，每天無微不至地照顧孩子，滿足孩子的所有需求，但隨著孩子慢慢長大成人，希望有自己的空間，不再需要媽媽連自己吃什麼穿什麼都要過問的時候，作為付出者的媽媽就會和孩子哭訴自己為他付出了多少，讓孩子不敢再脫離媽媽的管控。所以我常說，溺愛是一種犧牲自己的付出，它的目的是更好地控制。

我之前也不理解有的孩子給父母買東西時，父母的反應不是感到欣慰，而是挑剔。「這件衣服不好看，顏色我不喜歡。」、「這個東西不實用，還這麼貴。」……明明是孩子的一份心意，卻總能挑出錯來，不能坦然接受。後來我想到原因：因為父母一旦心滿意足地接受孩子的禮物，他們就不再是絕對的付出者了，他們的自我價值感被剝奪，也就失去了站在道德制高點上掌控關係的權力。

過度付出者的內心是孤獨的，因為他們心中隱藏著巨大的秘密——自我價值感低。長期的自卑心理讓他們覺得自己百無一用，非常羞恥、無力和空虛。所以他們更想要多多付出，給他人提供價值，並從外界獲得對自己的肯定。就像我剛剛進入職場時，拼命地完成自己分內的工作，再幫助他人做好工作，就為了聽到別人說：「這小夥子不錯，挺能幹的。」很多在被忽視的家庭中成長起來的孩子，或者經常被爸媽否定的孩子都會出現這種情況。

很多退休後的老人也是這樣，明明不愁吃穿，兒女孝順，但還要出去撿一些空水瓶、紙盒子，賣了換錢；兒女家裡本來想種花的小院子，非要種一些蔬菜，日日施肥澆水，只為讓兒女吃上綠色蔬菜。這些老人的付出是想證明自己雖然不能再工作了，但還是一個可以創造價值的人，他們不敢讓自己心安理得地休息或者享受別人的照顧。

如何與付出者相處

第一，肯定付出者的價值和貢獻。在關係中，我們不能忽視付出者的價值和貢獻，不能否認我們因為他們獲益。比如我的助理在我上班前會幫我打掃乾淨辦公室，倒好一杯水，這時我通常會向他表示感謝。肯定他人的付出是一件一舉兩得的事情，不僅能讓對方獲得良好的回應或回饋，也可以讓關係更加穩固和諧。

第二，承認付出者的重要性。在一段優質的關係中，付出者的存在是非常重要的，大多時候付出者與接受者的角色是流動的。一個呱呱墜地的孩子，是因為父母無微不至地照料才能健康成長，而當孩子長大成人之後又能反過來照顧父母；一個在外拼命工作的丈夫，因為有了賢慧的妻子，才能家庭溫馨和睦，而丈夫也在家庭中承擔了更多的經濟價值提供。如果你身邊有一個處於付出角色的人，你可以向他們真誠地說一句「有你真好」，看看他們如何回應。

第三，好的關係是價值互換，付出者同樣渴望被看到。我們承認了對方為我們提供的價值，也要告訴對方我們願意為對方提供價值。告訴對方「我很在意你的感受，如果你願意表達自己的需求，我也很希望能為你做些什麼」。

11 內疚感的衝突

罪惡感、內疚感與愧疚感

我之前參加過一個精神分析的中德交流班，德國的老師說，西方人更容易有罪惡感，而東亞人，比如日本人、中國人則更容易產生內疚感。其原因是中西方的文化差異。西方文化更偏向於宗教，而東方文化更多偏向於關係和「人情」。罪惡感是以法律作為標準，違反了法律、法規甚至宗教，對他人造成了傷害，就會產生罪惡感；而內疚感則是來自道德層面，如果我們違背了與他人的約定，或某些約定俗成的理念，就會產生內疚感。

而內疚感和愧疚感就比較相近了，德國老師舉了一個很生動的例子，一個小孩子因為失足落水，河邊的一個人看到了，就准備下水去救。雖然水流湍急，但他還是不顧自己的安危把小孩子救了上來，而他的腿被河裡的石頭劃傷了。小孩子的家長看到救人者流血，心裡的感覺是非常愧疚。如果結局是救人的英雄因為下水去救小孩子而不幸去世，那家長的內心就是內疚了，甚至會內疚一輩子。所以我們說內疚和愧疚程度不同，內疚涵蓋了愧疚，是一種更深層次的向內問責。

容易內疚是因為邊界感不強

我小時候是看不得我媽媽哭的，一看到她哭我就手足無措，會覺得她的痛苦和傷心是我造成的，可事實上那時候媽媽的痛苦絕大多數其實和我沒有關係。可當時我還分不清這些，媽媽的眼淚讓我感覺很無力，一心只想著如何讓媽媽不那麼難過，用盡各種辦法哄媽媽開心，於是我只能好好表現，扮演一個乖巧聽話的孩子。

中國傳統文化中非常注重對人際關係的培養，講求關係的「人情」維繫，所以在相處中很容易產生邊界感不強的情況。邊界不清，責任就不清，責任不清，關係就很容易成為一團糨糊。自責常常是因為攬責，由此又會導致內疚。很多負責照顧小孩子的父母也是如此。小孩子剛學會走路，跌跌撞撞，磕磕碰碰在所難免。但有的父母會因為孩子摔倒了，擦破了皮而內疚，他們責怪自己沒能看護好孩子。我們常說「為了別人的錯誤而懲罰自己」，容易內疚和自責的人，恰恰是那些對邊界不清晰的人，他們常常會因為內疚讓自己深陷痛苦。

導演馮小剛拍的電影《唐山大地震》，以一九七六年中國唐山發生的七點八級大地震為故事背景，由徐帆扮演的元妮在這場大地震中先是失去了自己的丈夫，又被迫要在救兒子還是救女兒之間做出生死抉擇。元妮的兒子方達因為在地震中微弱的喊聲，被母親「有選擇」地救下，但失去了一條胳膊；女兒方登則因為母親選擇了救弟弟而自卑傷心，直到三十多年後，她還在責怪媽媽當初為什麼選擇了救弟弟。

再看回元妮，在這場地震之後她一直活在內疚中，覺得丈夫和女兒都是因自己而死（當時她不知道女兒已被救），所以她要贖罪。她不允許自己活得好。電影快結尾的時候，女兒問元妮：「媽，這麼多年，你是怎麼過來的？」在丈夫墓前，元妮說：「我過得挺好的。」女兒問：「女人這一輩子，有幾個三十年啊？」元妮解釋說：「我真的過得挺好的，我要是過得很精彩，就更對不起你了。」

英國心理學家史蒂芬．約瑟夫（Stephen Joseph）將產生倖存者內疚的原因歸納為三類：別人面臨生命危險，甚至失去生命，而自己平安無事；覺得自己沒有能力拯救其他人，只顧自己苟活；面臨危險時，自己通過自救倖存了下來，回顧往事時，卻覺得自己拋棄了那些沒有逃離危險的人或者搶奪了別人倖存的機會。

元妮的表現就是典型的倖存者內疚，即使地震留下的廢墟已經重建，但元妮心裡一直是千瘡百孔。元妮只有破壞自己生命的美好，讓自己一直處於痛苦之中，才能允許自己苟活下去，她不接受兒子給自己買的房子，也不接受別人對自己的幫助，每天奔忙，讓自己沒有時間思考和感受情緒，以此來作為自我懲罰的方式。地震二十三秒，餘震三十二年。內疚的人，總是在自傷或自毀，他們只有不停地為對方付出或者讓自己處於痛苦之中，才能讓心裡覺得舒服一點。

容易內疚源於幼年被對待的方式

我曾接待過一位女來訪者，她說出生時因為是女孩，她被爸爸嫌棄，被奶奶罵，從小到大都不受家人寵愛，一直被忽視。奶奶因為她是女孩不喜歡她，媽媽因為她被別人看不起，所有的委屈和怒火只能朝她發洩，所以她一直活得小心翼翼。那時候看到媽媽偷偷抹眼淚，她就會認為媽媽傷心都是自己造成的。她只能刻苦學習，拼命幫媽媽幹活，成為父母心中想要的那個孩子的樣子。

直到成年後，她離開家外出上大學、工作，她都一直保持著這份小心。她不斷地給家裡寄錢、給媽媽買衣服，只為能讓媽媽開心。在和同學、同事相處的過程中，也一直以一個付出者的姿態來突顯自己的價值，時常擔心犯錯，特別容易內疚。

性別問題似乎成了一種原罪，家人對她性別的不接納，讓這個女孩認為別人的痛苦都來源於她。父母吵架時的每一句指責也深深地扎在她的心裡，她一直想向媽媽證明：我的出生雖然給你帶來了痛苦，但同時也能給你帶來幸福的體驗。後來她的媽媽生病住院了，很不幸，是絕症。於是她就放下了工作、孩子，去媽媽身邊沒日沒夜地照顧。照顧的過程中，她一方面心疼媽媽，另一方面卻感到內疚和自責，因為這次她沒有辦法幫助媽媽擺脫痛苦。

長時間的壓力和情緒低落讓她身體日漸消瘦，身邊的親戚朋友都勸她回去休息一下。她就特別不放心地把照顧媽媽這件事交代給了其他的兄弟姐妹。不巧的是，媽媽在她回家休息的第二天去世了。她照顧了這麼久，卻沒有看到媽媽最後一眼，這讓她感覺晴天霹靂。妹妹和她說：「媽媽走之前還不停地念你的名字，可惜你不在。」這更加重了她的內疚。

因為媽媽去世的事情，她整整兩年吃不好也睡不好，體重從六十公斤掉到了四十多公斤，身體也是每況愈下，不得已她才聽從丈夫的建議，尋求心理諮詢的幫助。在諮詢的過程中，我發現她把媽媽的去世完全歸責於自己，她覺得如果自己一直照顧媽媽，媽媽就不會去世，而且對媽媽去世時自己沒有在身邊這件事耿耿於懷。內疚和自責讓她已經沒有辦法用理智去想明白，媽媽的去世是因為疾病，而不是她。

很多人容易內疚都是他們幼年被對待的方式造成的。假如一個媽媽感覺不舒服時，能夠告訴關心自己的孩子「媽媽不舒服是因為今天太冷了，和你沒有關係，媽媽吃完藥休息一會兒就好了」，而不是「這都是因為生你留下的毛病」，她就不會認為媽媽的痛苦是自己造成的。但很多父母會用這種方式去牢牢地控制孩子，暗示孩子，讓他們內疚，從而變得更聽話、更懂事。但殊不知，這樣也會讓孩子倍感壓力。

內疚是一種自我攻擊，攻擊的力度過大，就容易造成青少年心理、情緒的崩潰，甚至出現輕生的悲劇。很多父母在孩子輕生後，去學校鬧，找老師鬧，他們不是不知道悲劇產生的原因和他們對待孩子的方式有很大關係，而是他們也在逃避內疚，不敢面對真相。孩子的思維很簡單，就是「父母讓我感受到了極大的痛苦，那我也要讓父母陷入極度的後悔與內疚中」。我常說我們被對待的方式會變成我們對待他人的方式，同樣，如果父母經常用內疚來控制自己的孩子，孩子最終也會用內疚來控制父母。

如何與內疚感相處

第一，釐清邊界。很多人是不是都有這樣的經歷：坐在旁邊的同事今天不開心，你就會懷疑是不是自己說錯了哪句話？看見身邊的人哭，不管是不是因為自己，都無法視而不見？朋友找你借錢，但你因為某些原因沒能幫忙時，就覺得是自己錯了？其實這些都是邊界感不足的表現。嬰兒是沒有邊界感的，在他剛出生時，是不能分清楚自己和媽媽不是一體的。但作為成年人，我們必須要釐清邊界——承擔自己應該承擔的責任，

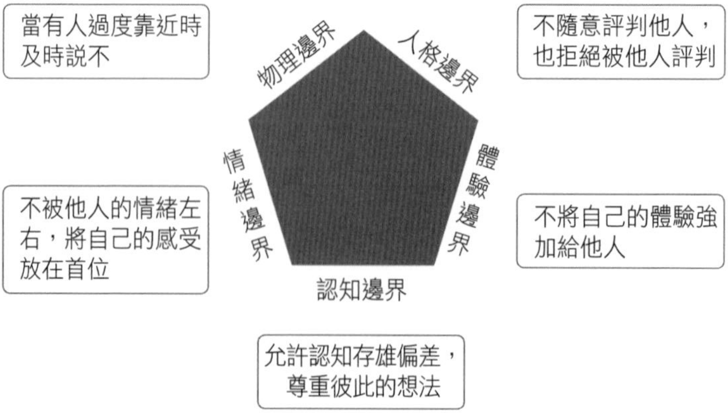
當有人過度靠近時及時說不
物理邊界
人格邊界
不隨意評判他人，也拒絕被他人評判
情緒邊界
體驗邊界
不被他人的情緒左右，將自己的感受放在首位
不將自己的體驗強加給他人
認知邊界
允許認知存雄偏差，尊重彼此的想法

個人邊界的五大面向

同時也要避免往自己身上攬責。他人的情緒應該由他人來管理，要學會溫和而堅定地拒絕他人。上一頁的圖顯示了建立個人邊界的五個面向。

第二，不要做完美的好人。《操作化心理動力學診斷和治療手冊》中提到，擁有內疚感衝突的人面對的主要問題是：我有罪嗎？其恐懼是害怕自己犯錯，不夠完美。很多人就是因為把自己定義為一個完美的好人，所以才容易內疚。他們認為自己無所不能，可以照顧好身邊每一個人，做好每一件事，所以當出現一點小差錯時，他們就容易內疚和自責。但如果他們可以認識到自己只是普通人，不能盡善盡美地處理好每一件事，只能盡力而為，不能對所有人的情緒負責，也許內疚和自責就會少很多。

第三，自我負責。在一段伴侶關係中，如果妻子總是嫌棄丈夫沒出息、不上進，沒有辦法讓自己和孩子過上富裕的生活，因此一而再、再而三地指責丈夫，讓他內疚，那丈夫會作何選擇？或者在一段伴侶關係中，丈夫沒有時間陪伴孩子，卻處處指責照顧孩子的妻子做得不好，讓妻子感覺內疚與自責，那妻子又會作何感想？很多人為了緩解或消除自己的內疚，喜歡將責任全部推給別人，指責別人的時候相當嫻熟，通過讓對方內疚的方式來控制對方。

但我們要知道，一個需要通過內疚控制他人，讓他人為自己負責的人，遲早也會被內疚反噬。

12 安全感與控制欲的衝突

什麼是安全感？

我曾在一次研究中看到很多人關於什麼是安全感的答案。有人說，解決了溫飽，不生病，就有安全感；有人說，不被背叛，不被拋棄，就有安全感；還有人說，在集體中感覺自己被接納，就有安全感……事實上，每個人對安全感的理解和獲取安全感的途徑都不一樣。

美國著名心理學家亞伯拉罕·馬斯洛提出的需求層次理論將人的需求分為五類：生理需求、安全需求、愛與歸屬、尊重需求和自我實現（如下頁金字塔圖所示）。其中，直接關係個體生存的需求被稱為缺失需要，這一類需求得不到滿足時將直接危及個體的生命；另一種高級需求不是維持個體生存所必需的，但是滿足這種需求可使人身心健康、長壽、精力旺盛，所以也叫作生長需要。

生活中，我們的所有活動以及人際關係都需要安全感來為我們提供支援。就像疫情時

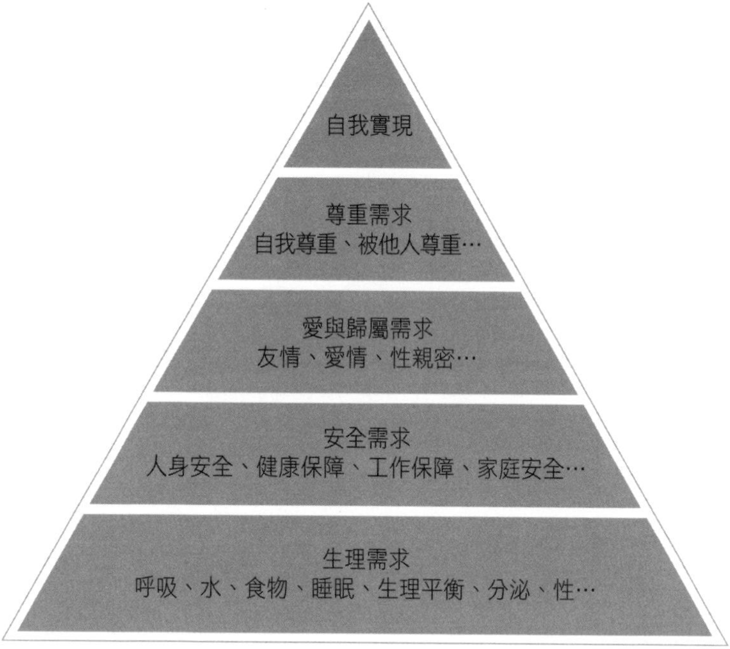

馬斯洛需求層次理論

有些人捕風捉影，聽到一些小道消息，就趕緊去超市搶菜、囤米囤麵。其實對他們來說，這些搶購行為也是為了滿足自身的安全感，讓他們覺得安心一些。

獲得安全感可以緩解我們的恐懼與焦慮。

安全感主要來自兩個方面：一個是確定感，一個是可控感。簡單解釋一下這兩種感覺。如果我得過水痘，那我大概可以確定我之後不會再得水痘，因為水痘這種疾病通常一生只會得一次，這個就是確定感；而可控感是我們通過自身可控的行為去獲得安全感，就像我們主動去接種新冠疫苗，雖然接種不能起到百分之百的防護作用，但會增強我們抗病毒的能力，讓我們提高一點可控感。

其實，在生活中時時刻刻都在發生這兩種體驗。我有個朋友因為工作經常要出差，每一次出差他帶的行李之多猶如搬家，枕頭、床單、毛巾、馬桶墊、消毒液他全部都要帶上。他說，他覺得酒店不乾淨，如果不帶上自己的物品，他會睡不著。我之前有一個助理出差時每次都會帶門擋，雖然酒店每個房間都有門鎖，但門擋會讓她覺得更加安全。實際上，他們都是在用確定的東西去抵抗未知，通過可控的方式增強自己的安全感。

安全感缺失帶來控制欲過剩

在親子關係中，常常出現這樣的場景：媽媽不斷地提醒孩子該寫作業了、該關電視了、該上床睡覺了……那種對時間的把控甚至會精確到每一分每一秒，還有五分鐘，還有三分半，還有一分鐘，不停地催促孩子。媽媽通過這種控制的方式管教孩子，孩子覺得十分不自由，可一旦不按照媽媽說的做，媽媽就會體驗到一種失控感。這種失控會讓媽媽的安全感缺失，感到焦慮和恐慌。而越缺乏安全感，就越想要控制，因為她不相信自己的孩子能夠自律。

我之前和一個朋友相約一起打球。朋友是一個時間觀念非常強的人，一旦我們約好時間，他一定會安排好自己的事情，不會遲到或者缺席。所以我從來不會一遍遍地和他確認打球的時間有沒有變動、他是不是已經出門、路上堵車他會不會遲到。但如果我是一個缺乏安全感的人，那可能就不同了，我會無數次地跟他確定他是否會準時出現在球場，和剛才講述的那個媽媽一樣。反復提醒不僅代表著對他人的一種不信任，也意味著我們想要對他人乃至他人的時間進行掌控。

我之前接待過一位女性來訪者，她有嚴重的潔癖，嚴重到所有的家庭成員都要被她「控制」。她告訴我，她有三種常見的控制方式。

第一，控制自己，強迫重複。她經常洗手，而且每次洗手都需要很長時間，塗上洗手乳翻來覆去搓洗。外出買東西回來、在家裡觸碰到一些物體都要一遍一遍地洗手。她在家裡的玄關處還設置了「消毒區」，買回來的東西和剛回家的人都要在消毒區用酒精進行消毒，才可以進來。

第二，控制他人，特別是用情緒控制。她希望丈夫和孩子可以按照她的秩序和規則生活，一旦秩序和規則被破壞，她就感覺恐慌。她不僅要求丈夫和孩子每天回家後必須把外穿的衣物消毒並放到洗衣機裡洗滌，甚至對他們在家裡行走的路徑、能觸碰的東西都有規定。她的丈夫和孩子控訴在家裡好像坐牢一般，沒有自由，只要不照做或者反抗，這位女士的情緒就會崩潰。

第三，控制整個家庭，大大小小、裡裡外外的事務全由她說了算。她不僅掌握家裡的財政權，而且家裡要添置的物品，大到傢俱，小到衣物都只能由她來決定。

聽她描述這些時，我感覺很窒息，然而隨著諮詢的深入，我們發現其實她控制的背後藏著安全感的缺失。她的原生家庭裡孩子特別多，她的出生對父母來說是個不小的負擔，那個時候父母的條件也不好，就想把她送去親戚家寄養。為了不離開父母，她使出渾身解數，幫父母幹活，把家裡打理得井井有條，大大小小的事情也全是她來操持。七八歲時，冬天寒風凜冽，家裡也沒有暖氣，她還在幫弟弟妹妹洗衣服，兩隻小手凍得通紅。

她發現只有這樣勤快努力，才能不被父母送去親戚家，自己才有安全感。所以之後的歲月裡，她也一直這樣勤勤懇懇，即使有了自己的家庭後還是像個小齒輪一樣轉動，一刻也停不下來。她說：「只要我能把家裡打掃得乾乾淨淨，就不會被父母拋棄。」她如今對於打掃的執著，有一部分源自小時候形成的這個信念。

母親給予依戀安全，父親給予能力安全

有些人是天生沒有安全感嗎？不一定，安全感是在養育的過程中缺失的。比如前文中的這位女士，她害怕自己成為父母的負擔被拋棄，所以才通過對家庭貢獻的方式給自己更多安全感。

安全感可以分為兩類：依戀安全和能力安全。講依戀安全之前，我們先來瞭解一下依戀關係。在嬰兒與媽媽建立依戀關係時，有三個重要因素：

第一，餵養。媽媽在餵養嬰兒時，會將嬰兒抱在懷裡進行哺乳。一方面，滿足了嬰兒的生理需要，另一方面，也滿足了嬰兒的情感需要。但一些從小就缺乏擁抱、撫摸體驗的孩子，長大後相較他人會更容易缺乏安全感。

第二，跟隨行為。嬰兒剛出生時並不會行走，但在他們出生一兩個月後，他們的眼神就可以跟隨著媽媽或者其他親近的人，這會讓他們產生安全感。但如果媽媽的臉上總是猙獰或冷漠，甚至在孩子蹣跚學步、想要牽媽媽的手時，媽媽拒絕了孩子的請求，孩子就會心生恐懼，很難內化安全體驗，從而致使依戀關係破裂。

第三，困難的呼喚。我們都聽過《狼來了》的故事，故事中的小男孩在山上放羊，因為無聊大喊：「狼來了！狼來了！」村民聽到後都急忙拿著鋤頭和鐮刀往山上跑，想要幫助孩子驅趕惡狼。村民的行為就是對小男孩困難的呼喚的一種回應，雖然小男孩只是一而再、再而三地說謊。嬰兒哭的時候也需要媽媽的回應，或是餵奶，或是安撫。如果嬰兒哭得聲嘶力竭，依然沒有得到回應，那麼對死亡的恐懼就會代替安全體驗在孩子的心裡紮根。

好的媽媽會在孩子饑餓時餵養孩子、保護孩子的跟隨行為、對孩子的呼喚有回應，與孩子建立依戀關係。而依戀安全就是孩子在和媽媽的互動下形成的安全感。如果我們在依戀關係中體驗過挫折，安全感就會缺失，隨之而來的就是焦慮和恐懼。在親密關係中，如果伴侶一段時間沒有回覆消息、沒有接電話，你就坐立不安；在親子關係中，孩子一次小小的反抗，你就感覺崩潰，想要更加強勢地控制孩子，這都是依戀安全缺失的表現。

什麼是能力安全？能力安全也叫探索性安全，是指在一些相對有探索性的環境下，帶給孩子的安全感。比如一些爸爸喜歡帶孩子去戶外，帶孩子學習騎車、攀岩等，在這樣有一定風險的活動中給予孩子保護，從而讓孩子形成一種安全感。從心理學的定義來說，媽媽為孩子提供依戀關係及依戀安全感，而爸爸帶給孩子的則是探索性安全感。爸爸和媽媽最大的區別在於，媽媽的力量是向內的，要把孩子拉回來；爸爸的力量是向外的，要把孩子送到外面環境中去，使孩子完成社會化的過程。

我們不可能一直為孩子創造安全的生活環境，需要幫助孩子發展出應對外界不確定因素、不安全環境的能力，讓孩子想要去外面探索時能夠保護自己。能力越強，世界越安全；能力越弱，只能畏畏縮縮，走到哪裡都感覺害怕。爸爸給予孩子的探索性安全感就像登山中的大本營，在這裡可以恢復體力、修復傷口，獲得充分的食物、水，擁有下一次外出探索未知世界的勇氣。在孩子成長的過程中，爸爸要把孩子帶出家庭，教給他們更多的技能和社會規則，讓他們一直保持想要探索未知的好奇心和獨自面對困難的能力，甚至到老年也不排斥接受新事物，能跟上年輕人和社會發展的步伐。

如何重建安全感

第一，允許自己犯錯，允許自己不那麼完美。我見過許許多多的「拖延症患者」，我發現他們的邏輯是：只要這件事我不做，就不會錯。但我要是做了，就會有人來評判對錯、好壞。他們擔心自己不能將事情做得盡善盡美，所以一直拖著不做。其實這也是一種缺乏安全感的表現，害怕自己的工作受到質疑，被他人評判。但如果我們可以轉變思維，不以完美來要求自己，就不會擔心自己犯錯，反而認為知錯能改也是一種進步。

第二，覺察控制，停止指責，培養信任他人的能力。用控制感來獲得安全感，無異於飲鴆止渴，如果我們特別想去控制別人，那麼我們就要反觀一下自己是否安全感缺失？當我們不斷地通過指責、控制來對待他人，或者對別人有很高的要求，比如想要讓自己的孩子像別人家的孩子一樣優秀，想讓伴侶像別人的伴侶一樣體貼有能力，這時候我們就要思考一下我們對身邊的人是否抱有信任？

在關係中過於敏感，是因為我們在依戀關係中有過一些挫折的體驗，這導致我們對他人不信任。不信任誰呢？不信任的是我們最初的客體，到後來我們把對客體的不信任全部投射到別人身上。我們拼命尋找一些對方不值得信任的證據，以為這是保護自己，但是這種保護實際上是沒有意義的，還會讓我們難以建立人際關係。因此，我們要重新把關注點轉移到自己身上，適當讓渡一些信任給對方。

第三，做自己的安全基地。真正能讓我們獲得安全感的是我們自己，我們要認識到，如今的自己已經不是曾經的自己。

某電視劇中有一個橋段，男主角因為小時候不小心掉進井裡而對密閉空間產生創傷後壓力症，這種恐懼感總是在類似的環境下被激發，直到他完成特種部隊的訓練後，再次回到家，看到小時候被困的那口井，他才發現，小時候在他感覺中永遠不可能逃出的井，如今他只要踮起腳尖就能輕易翻出去。當我們的能力增長了，意識到昨天的困難已經不再是困難，過去的恐懼也會逐漸消散。

自我探索練習

在心理危機干預中，有一個技術叫「安全島技術」，我把它引用在這裡，供你參考和使用。

內在安全島是指，你可以自己尋找一個使自己感到絕對舒適和愜意的地方，它可以是在地球上的某個地方，也可以是在一個陌生的星球上，或者任何其他可能的地方。這個地方只有你一個人可以進入。這個地方應該是受到良好的保護、並且有邊界的一個地方。它應該被設置為一個來訪者絕對可以阻止未受邀請的外來物闖入的地方。在內在的安全島上不應該有任何壓力存在，只有好的、保護性的、充滿愛意的東西存在。

現在，請你在內心世界裡找一找，有沒有一個安全的地方，在這裡，你能夠感受到絕對的安全和舒適。它應該在你的想像世界裡——也許它就在你的附近，也可能它離你很遠。

無論它在這個世界或者這個宇宙的什麼地方，這個地方只有你一個人能夠造訪，你也可以隨時離開，可以帶上友善的、可愛的、陪伴你、為你提供幫助的東西。

你可以給這個地方設置一個你所選擇的界線，讓你能夠單獨決定哪些有用的東西允許被帶進來，真實的人不能被帶到這裡來。別著急，慢慢考慮，找一找這麼一個神奇、安全、愜意的地方。

或許你看見某個畫面，或許你感覺到了什麼，或許你首先只是在想著這麼一個地方。讓它出現，無論出現的是什麼，就是它了。

如果在你尋找安全島的過程中，出現了不舒服的畫面或者感受，別太在意這些，而是告訴自己，現在你只是想發現好的、內在的畫面——處理不舒服的感受可以等到下次再說。現在，你只是想找一個只有美好的、使你感到舒服的、有利於你康復的地方。

你可以肯定，肯定有一個這地方，你只需要花一點時間、有一點耐心。

有時候，要找一個這樣的安全島還有些困難，因為還缺少一些有用的東西。但你要知道，為了找到和裝備你的內心的安全島，你可以動用一切你想得到的器具，比如交通工具、日用工具，各種材料，當然還有魔力、一切有用的東西。

當你來到這個地方，請你環顧左右，看看是否真的感到非常舒服、非常安全，可以讓自己完全放鬆。請你用自己的心智檢查一下。有一點很重要，那就是你應該感到完全放鬆、絕對安全、非常愜意。請把你的安全島規劃成這個樣子。

你的眼睛所看見的讓你感到舒服嗎？如果是，就留在那裡；如果不是，就變換一下，直到你真的覺得很舒服為止。

你能聽見什麼，舒服嗎？如果是，就留在那裡；如果不是，就變換一下，直到你的眼睛真的覺得很舒服為止。

氣溫是不是很適宜？如果是，那就這樣；如果不是，就調整一下氣溫，直到你真的覺得很舒服為止。

你能不能聞到什麼氣味？舒服嗎？如果是，就保留原樣；如果不是，就變換一下，直到你真的覺得很舒服為止。

如果你在這個屬於你的地方還是不能感到非常安全和十分愜意的話，這個地方還應該做哪些調整？請仔細觀察，在這裡還需要些什麼，能使你感到更加安全和舒適。

把你的小島裝備好了以後，請你仔細體會，你的身體在這樣一個安全的地方，都有哪些感受？你看見了什麼？你聽見了什麼？你聞見了什麼？你的皮膚感覺到了什麼？你的肌肉有什麼感覺？呼吸怎麼樣？腹部感覺怎麼樣？

請你儘量仔細地體會現在的感受，這樣你就知道，到這個地方的感受是什麼樣的。

如果你在你的小島上感覺到絕對的安全，就請你用自己的軀體設計一個特殊的姿勢或動作，用這個姿勢或者動作，你可以隨時回到這個安全島來。以後，只要你一擺出這個姿勢或者一做這個動作，它就能幫你在你的想像中迅速地回到你的這個地方來，並且感覺到舒適。你可以握拳，或者把手攤開。這個動作可以設計成別人一看就明白的樣子，也可以設計成只有你自己才明白的樣子。

請你帶著這個姿勢或者動作，全身心地體會一下，在這個安全島的感受有多好。

撤掉你的這個動作，回到這個房間裡來。

——摘自《心理危機干預》，孫宏偉等著，人民衛生出版社

所以，無論兒時父母是否給予了我們依戀安全和能力安全，我們現在都可以憑藉自身的努力滿足自我需求，成為自己內在的父母，讓自己有安全感。

任何時候，我們都是有選擇的。

13 自給自足與被照顧的衝突

對依賴與分離的雙重渴望

最近幾天，我總是聽我的助理說「擺爛」這個詞。我問他「擺爛」具體指什麼，他告訴我，就是自己覺得事情不會再往好的方向發展了，於是乾脆什麼都不做，任由其隨意發展，大有一種自暴自棄的意味在其中。他和我說：「胡老師，我們可不可以做一期以『擺爛』為主題的直播？」

一開始，我對這個詞是有一些小小的抵觸的。作為一個父親，我希望自己可以成為孩子最好的榜樣，並為此不斷努力；同樣，我也對孩子抱有期望，希望他能成為一個獨立的、對自己負責的、對社會有貢獻的人。如果他在一段時間裡念書或工作壓力特別大，想要偶爾地放鬆一下，滿足自己的小願望，我可以認同；但如果他年紀輕輕，吃點苦就說放棄，就要「躺平」和「擺爛」，只想著依靠父母，那我是沒有辦法接受的。

現在很多成年人經常嚷著想要回到小時候，希望被爸爸媽媽保護、照顧，不想再獨自一人在陌生的城市打拼了。美國知名心理治療專家裘蒂絲・維奧斯特（Judith Viorst）在《必要的喪失》（*Necessary Losses*）一書中提到：「我們和母親一體生存，這是一種理想狀態，一種我們與母親親密無間的狀態。這是一種『我就是你，你孕育我，你我同體』的狀態，這是一種感受不到孤獨與死亡的隔絕狀態。」所以一些心理分析學家說：「我們一生都渴望結合，而這種渴望來源於我們對回歸的嚮往，如果不能回歸到子宮裡，那便是回到一種虛幻的結合狀態，即共生狀態。這種狀態深埋在原始的無意識中，每個人都為之奮鬥。」

我們渴望能夠被一個人照顧著，最好還能夠及時滿足我們所有的願望。這是每個人在媽媽子宮裡，即嬰兒時期對客體的渴望。但事實上，我們不僅對於「重建一體關係」充滿渴望，對於成為分離的自我也充滿著渴望。

那到底是共生依賴，還是獨立分離？這就需要我們先來理解一下「被照顧」與「自給自足」的衝突。

擁有被照顧與自給自足衝突的人面對的主要問題是：誰提供了安全和照顧？其恐懼是害怕失去照顧自己的客體。

一九九九年由周星馳主演並執導的電影《喜劇之王》在香港上映，影片裡男主角尹天仇對張柏芝飾演的柳飄飄說出的那句「我養你啊」，感動了無數女性，也一度成為女孩子們選擇男友的標準。我之前認識一個女孩，在有男友前大家對她的印象就是「女漢子」，在有了男友之後，毫不誇張地說，之前能扛瓦斯桶的她變得連瓶蓋都擰不開。這不是說她失去了自給自足的能力，而是當人沉浸於一段親密關係中時，無論其是否可以獨立自理，內心都是渴望被照顧的。

出現這種心理其實非常正常。獨立自理、自給自足的另一面是一種不為人知的孤獨無依，彷彿什麼事情都需要自己去做，沒有人幫忙，也沒有人關心。這不僅僅是一個人單身時才會出現的情況，我經常聽到一些媽媽和我抱怨，自己的老公什麼都不做，家裡一團亂也不知道收拾，說得通俗一些就是「醬油瓶子倒了都不知道扶」。「喪偶式育兒」這個詞精准而辛辣地描述了這些「拖後腿」的爸爸，他們不操心孩子的衣食住行，不體諒妻子的辛勞，不作為的生活習慣讓他們的妻子感覺自己猶如「隱形的單親媽媽」。

反觀這些媽媽，她們工作中認真努力，有自己的經濟來源，生活中還要勤勤懇懇，照顧好各位家庭成員的方方面面。她們獨立自理、自給自足，卻總是感覺孤獨和無奈，內心深處渴望被人妥帖照顧。

被照顧可以讓人體驗到幸福和快樂——女孩子上下班有男朋友接送，生病時有男朋友照顧；男孩子工作壓力大時可以有人傾聽和安慰，天氣變冷的時候可以有人提醒自己多加衣服。這些日常的情境都讓人對「被照顧」抱有一種強烈的渴望。

照顧者與被照顧者合謀的遊戲

金庸老先生在《倚天屠龍記》中描寫了這樣一個情節：張無忌被朱長齡糾纏，跌下懸崖，摔斷雙腿，在蛛兒面前化名為曾阿牛，裝成一個傻小子，享受蛛兒的照顧。蛛兒在照顧曾阿牛的過程中，雖然受人奚落，卻從張無忌那裡得到了精神滋養，二人也漸生情愫。

其實，現實生活中，很多照顧者也會在照顧他人的過程中得到精神滋養。無微不至地照顧孩子的媽媽，聽到可愛的孩子說一聲「媽媽，我很愛你」的時候，內心如有暖流經過；看到孩子漸漸長大懂事，能幫自己分擔家務的時候，更是無比欣慰。她們雖然為孩子付出了很多，但同時也被孩子真誠的回應所滋養。

不僅如此，照顧者的貢獻與自我價值也會受到極大的肯定。我們在生活中時常見到小孩子在一起玩過家家的遊戲，他們會扮演父母，照顧比自己弱小的寵物；扮演老師，給玩具們講課；扮演醫生或者護士，照顧「生病」的洋娃娃。這也從側面反映出了，孩子們對父母、老師、醫生這些給予他們關愛和照顧的人的肯定，這些人是他們想要效仿的對象，是他們當時崇拜的人。

還有一類照顧者，他們在照顧他人的過程中也滿足了自己深深的自戀。網路小說、電視劇裡的霸道總裁，對孩子呼來喝去、要求孩子必須聽話順從的家長，都屬於這類照顧者。所以，「我養你」這句話，是照顧者與被照顧者合謀的遊戲，既滿足了照顧者的自戀，又允許了被照顧者的退行（碰到問題時，行為倒退回早期生活階段的方式）。

反觀被照顧者，他們渴望被無條件地照顧、滿足，但在此過程中，他們也無形地放棄了自己的某些權利，或者受到了一定的束縛。大家一定都看過養在籠子裡的鳥兒吧？牠們在享受被人類餵養的同時，也註定失去廣闊的天空。這也是被照顧者面臨的第一大問題。他們和鳥兒一樣，自由和自主權被剝奪。在影視劇中，我們經常能看到這樣的設定，丈夫像是對待「金絲雀」一樣把妻子養在家裡。身為被照顧者，妻子毫無憂患意識，每天過著「你負責賺錢養家，我負責貌美如花」的日子。兩個人生活節奏的脫節，讓他們共同語言越來越少，丈夫開始覺得妻子「不上進」，配不上自己，於是萌生了離婚的念頭。

其次，被照顧者還會對自己的自我價值產生懷疑。自我價值感來源於我們對社會、對他人、對環境的貢獻。如果我們一直扮演一個被照顧者的角色，不求上進，毋庸置疑，我們的自我價值感就會降低。一個新鮮的事物擺在面前，我們沒有好奇心去了解，擔心因為不懂而惹人笑話；一個沒處理過的工作或任務擺在面前，我們沒有勇氣去挑戰，怕做不好而被責怪。漸漸地，我們就會被固定在自己熟悉的小圈子裡，畫地為牢，不敢踏出一步。沒有熟悉新奇事物後的征服感，沒有贏得挑戰後的成就感，又何談自我價值感呢？

此外，被照顧者還有可能會失去自我。通常來說，人們會先關注自我的狀態、情緒、好惡等，然後才是別人。但被照顧的人可能會事事以照顧他的人為先，更因關注對方的情緒和喜好而忽略自身感受。

渴望被照顧的心理動機

很多自我感比較強的人看待人際關係的觀念往往是「有你很好，沒有你我自己也可以」，正所謂「得之我幸，失之我命」。但一些強烈渴望被照顧的人則截然不同，他們長久依賴他人的習慣，讓他們失去了獨立、自給自足的能力，似乎離開了對方就活不下去。

其實，很多時候我們都是自己給自己貼了標籤，設了限。「離開他，我一定就活不下去了」、「這個工作我自己一定完成不了，沒有他我不可能成功」……這些都無異於自我剝奪，剝奪了自己的可能性與發展潛力，剝奪了自己的自信心。而那些習慣照顧他人的人，無論是為了實現自我價值，還是為了滿足自戀感，都恰好與前者相匹配。

這種關係的匹配程度，就如同螺絲與螺母。如果一個人剛好因為自卑而身處陰影之中，另一個人卻如同陽光，照亮每一個孔隙；如果一個人強悍霸道，另一個人小鳥依人，那麼這剛好是一段匹配的關係。

那為什麼有些人寧願喪失自由、失去自我，也要選擇被照顧呢？

第一，有可能是因為童年缺愛，希望被「二次餵養」。所謂「二次餵養」就好像是讓自己重新回到小時候，再被餵養一次。這種渴望由於原生家庭給個體成長帶來的不良體驗，所以個體寄望於重新來過，渴望通過「二次餵養」感受到被關心和被愛，修復之前養育過程中的創傷。另外一種情況，是在成長過程中沒有發展出足夠的照顧自己的能力，缺少能夠自給自足的自信，缺少自己能創造價值的自信，缺少能夠照顧好自己和他人的自信。

第二，希望用這種方式檢測對方是否真的愛自己。很多人在陷入一段親密關係時，對這段關係是否真實、是否能夠長久都不確定，總是希望通過尋找行為的蛛絲馬跡來證明對方真的在乎自己。比如女孩希望男朋友能記住自己的各種喜好，希望男朋友能有儀式感，經常給自己創造驚喜等。

第三，渴望被照顧是一種退行的狀態。佛洛伊德對「退行」的定義是「你對獨立自強感到害怕，所以你反過來變得依賴或者頑固」。困難是我們每個人成長路上必不可少的磨難，有些人面對困難，渴望披荊斬棘地戰勝它；有些人則不然，只希望困難來臨時有人能幫他遮風擋雨，就像小時候尋求爸爸媽媽的保護一樣。所以即使在長大後，也沒有面對困難的勇氣和信心，需要一個人來扮演小時候爸媽的角色，幫助他解決困難、消除恐懼。

之前有一部很賣座的電影叫《瓦力》（*WALL-E*），講述了負責打掃地球垃圾的機器人瓦力遇見並愛上機器人伊娃後，追隨她進入太空歷險的一系列故事。其中特別有意思的是，裡面的人類都被「託管」了，他們不需要勞動，不需要創造價值，甚至連走路都不需要，每天只需要坐著磁浮座椅，享受機器人二十四小時的周到服務以及娛樂，像一個剛出生的嬰兒一樣，只要呼吸就可以了。一個人如果方方面面都被照顧得很周全，惰性就會隨之而來。這就是我們所說的從心理到生理的退行。

不過，美國心理學家裘蒂絲·維奧斯特曾說道：「希望重建一體關係，這種追求既可能是病態的，也可能是一種健康的行為。」所以被照顧得很周全，也不是一無是處。人類因為有被照顧的願望而進步發展的例子比比皆是。比如外送軟體的誕生解決了人們每天做飯的困擾，讓人們可以在工作繁忙時不用再為了吃飯的事情而操心，讓情侶之間可以更方便地表達關心和愛意。但這樣的獲益，更多是給我們多提供了一個選擇，並非要替換我們原有的選擇。

如何應對被照顧與自給自足的衝突

看到這裡，你可能會有一個疑問：那麼，我是應該選擇被照顧還是自給自足呢？其實，這並不是一個單選題，因為這二者對我們各有好處。

首先，自給自足可以讓我們擁有足夠的安全感。我們在經濟上可以負擔自己的開銷，在生活中可以獨立自理，不需要依靠他人就可以解決遇到的一些困難，這都能夠提升我們的安全感。而且，自給自足還會給我們帶來成就感。如果一個人事事都需要他人幫忙，所有決定都要問過他人的意見，久而久之，只會對自己失去信心，甚至產生自卑心理。因為他沒有體會過自己獨立完成任務、自己憑藉智慧克服困難帶來的成就感。

相反，自給自足就可以給人帶來這種成就體驗，讓我們可以對自己的能力更加確信，提升自我效能感。除此之外，自給自足還能促進人的自我實現。心理學家馬斯洛在《人性能達到的境界》（*The Farther Reaches of Human Nature*）中說：「自我實現是在任何時刻在任何程度上實現個人潛能的過程。實現一個人的可能性往往要經歷勤奮的、付出精力的準備階段。」不僅成年人有自我實現需求，就連幾歲的孩子也有這樣的需求。一個三歲的孩子，如果能幫助爸爸媽媽拿拖鞋、擦一下桌子，他也會感到高興。

同時，我們也不能忽視被照顧的好處。簡單來說，被照顧可以滿足我們對重建一體關係中對客體依賴的原始渴望，滿足了我們想要印證自己是否真的被愛著的願望，也能讓我們更多地體會到幸福和溫暖。所以，我們要做的不是在被照顧和自給自足之間做出取捨，而是在二者之間達到平衡。人與人之間的關係，尤其是成年人之間的關係，不能簡單地用「我養你」和「你養我」來概括，更好的是「有你很好，沒有你我也可以」。

14 獨立與依賴的衝突

獨立與依賴

有一些來訪者和朋友和我傾訴，他們沒辦法長久地沉浸於一段親密關係中。親密關係會讓他們覺得被束縛、被控制，這種窒息的感覺讓他們急於想擺脫關係，難以在依賴與獨立之間找到一個平衡。依賴別人，覺得沒有自我；被別人依賴，覺得沒有自由。就像我們說婚姻像一座圍城，裡面的人想出來，外面的人想進去。

如裘蒂斯所說：「追求獨立是我們人生永久的課題。」逃避有時候也是我們追求獨立的一種方式。但大多數時候，追求獨立的路上總是荊棘密布。這是因為：第一，我們的能力不足以讓我們獨立；第二，在關係中對方不允許我們獨立。

對於前者，嬰兒和母親的關係就是個很好的例子。剛出生的嬰兒沒有能力照顧自己，一切有關於他們生存的要素都需要依靠母親來滿足，最直觀的就是嬰兒餓了要依靠母親來餵養。他們沒有照顧自己的能力，所以不足以獨立。再說母親，母親可以做到絕對的獨立自由嗎？似乎也是不可能的。因為母親決定了嬰兒生存的條件，她被嬰兒依賴，需要照顧嬰兒。當我們被他人依賴時，也很難有獨立或自主的空間。

後者在我的從業經歷中也見到很多，親子關係中父母的有些行為會阻止孩子的獨立個體化，但父母渾然不覺。比如一些媽媽看到孩子把房間搞得一團亂，一邊告訴孩子要提高自理能力，收拾好房間，一邊自己又動手幫孩子收拾。又如，孩子學測後想要去外地上大學，父母卻不放心孩子一個人去異鄉，想要說服孩子留在本地上大學。這不僅能看出現實中孩子對父母的依賴，也能看出父母在心理上對孩子的依賴。

關係中的「分離—個體化」

在兒童發展心理學歷史上，瑪格麗特·馬勒（Margaret Mahler）把零至三歲的兒童發展分為三個大的發展階段。

第一個階段，是從新生兒出生到四周左右的這個階段，叫作「正常自閉期」。這個階段，新生兒好像被包在一層「自閉的殼」之內——通過睡眠刻意地隔離外界刺激。

第二個階段，是嬰兒出生的第二至五個月，也就是大致半歲以前，稱為「正常共生期」。馬勒認為這個階段最重要的特徵，就是嬰兒對以母親為代表的主要照顧者的絕對依賴，身心需要都得由母親來滿足。這個階段母親對嬰兒的需求回應得越及時滿足，孩子以後越有安全感，心理就越健康。馬勒把母親的這種能力稱為「母親的第六感」；而另一位客體關係精神分析學家溫尼科特（Donald Woods Winnicott）把它稱為「原初母愛灌注」。

第三個階段是分離—個體化時期，大概是在嬰兒五個月到三歲半，這是孩子人生中第一次身心逐漸分離的過程。馬勒把這個時期分為四個子階段：

- 分化期（differentiation）：這個時期的嬰兒開始走出共生的心理狀態，漸漸開始區分主客體，也就是發現自己是自己，媽媽是媽媽；同時開始區分媽媽是媽媽，陌生人是陌生人。
- 實踐期（Practicing）：這個階段嬰兒在身體上迅速發育，從而可以站立甚至行走，這時孩子對環境會有很多新的感知，同時，孩子還會在這些新的體驗中產生一種「全能自戀感」，而母親的回應會讓孩子形成對自己的認知。精神分析學家寇哈特（Heinz Kohut）認為在這個階段中，母親眼中對孩子欣賞的目光是給孩子一生的禮物，因為孩子將從母親對自己的欣賞中學會自己對自己的欣賞，從而獲得自尊和自信的基石。
- 和解期（Rapprochement）：經過了上一階段，嬰兒越來越體驗到自己和母親其實是分開的，而且自己和母親都不是全能的。這時寶寶會產生一種分離焦慮，他會非常擔心被母親拋棄，也就是馬勒說的「擔心失去客體」。這個階段母親不能離孩子太近，也不能離孩子太遠，太近孩子會感覺被吞噬，而太遠孩子會害怕被拋棄。

- 客體恆常期（ObjectConstancy）：如果孩子順利度過和解期，那麼他將獲得另一種極其重要的能力——客體恆常*。所謂客體恆常，就是孩子內化了自己的母親。舉個簡單的例子，媽媽在短時間內離開了孩子的視線，孩子也知道媽媽還存在，不是消失了，也不是不要自己了。

「分離─個體化」是媽媽和孩子之間必須要完成的一項任務，當一個人沒有完成這項任務時，就會缺乏內在的自主性，就會更在意他人對自己的評價。

客體在關係中非常重要，我們是在與客體的互動和客體的反應上來認識自我的。但即使如此，我們也不能忽略內在自主性的發展。自主性讓我們有主見，我們可以聽取別人的建議，在某件事情上不斷地完善；可以參考別人的評價，持續改進自己的不足，但不會迷失自己的方向和目標，完全跟隨他人的節奏。

沒有完成分離─個體化，會使我們一直處於共生的狀態。就像孩子想要媽媽陪他一起玩，但媽媽因為一些急事脫不開身，孩子就會認為媽媽忽視他而哭鬧不已；或是妻子因為丈夫沒在身邊，就想要通過電話時刻掌握丈夫的動向。由於我們不能一直處在過度依賴的共生狀態裡，所以我們需要學習「分化」。

「分化」是由家庭系統治療心理學家莫瑞・包文（Murray Bowen）提出，它是指一種能夠分辨和管理個人的情緒和理智，並將自我獨立於他人之外的能力。

自我分化能力強的人，更容易擁有健康、彈性的親密關係和更高的自尊水準，他們會有清晰的邊界，能夠表達自己的觀點，也能接受他人表達與自己不同的觀點。相反，分化能力弱的人，則可能表現出迴避或者迎合。他們有的故意遠離群體，因為害怕在群體中被吞噬；有的則完全融入群體，不敢表達自己的不同意見。

那是什麼影響了我們的分化水準呢？這和父母的養育方式有很大關係，當父母分辨不清什麼是我的、什麼是你的，哪些感受是我自己要承擔的、哪些感受是你自己要承擔的，關係之中就會缺乏邊界，將這種相處方式在代際之間傳遞給孩子。

「60分媽媽」與「全能媽媽」

媽媽給孩子足夠的安全感，孩子才有分離—個體化的可能。一個完成了分離—個體化的孩子對外界是感興趣的，且他是能夠發展自己的能力的。當我們內在的能力足夠，我們會一次次嘗試建立除了媽媽以外的其他關係，在這個過程中，我們會感到越來越安全，有點像你

＊ 客體恆常是指我們能與客體保持一種「恆定的常態」的關係。擁有客體恆常，意味著人們有能力保留客體在心中映射出的穩定圖像。內心會有對於客體的信任感，並由此產生安全感。我們不再需要和外在客體時時確認自身的安全，因為我們的內在客體是穩定的。此時，我們能夠自給自足地擁有滿足感和安全感。

準備去交朋友的時候，當你確信很多朋友願意支持幫助你時，你在這個世界上生存會很有安全感。

此外，你也會相信自己的能力，假如有段時間你經濟方面出現困難，但是你非常確信自己是有賺錢能力的，那一刻你不會因為經濟困難而沒安全感，就好像電影《一九四二》中，張國立飾演的地主角色，在逃難中身無分文、衣衫襤褸的他說：「我知道怎麼從一個窮人變成財主，不出十年，你大爺我還是東家。」這裡展現的就是具有能力安全的人。

能夠給予足夠安全感的媽媽並不代表要成為對孩子事無巨細、任何需求都滿足的全能媽媽。一個「完美」的媽媽很多時候會因追求自己的全能而忽略了孩子本身，有時候為了實現自我的全能，甚至會抑制孩子的成長。在全能媽媽的眼中，孩子是不會自己成長和發展的，孩子的所有安全感都來自全能媽媽。這樣的媽媽很有可能會在聽「世上只有媽媽好，沒媽的孩子像根草」的時候哭得稀里嘩啦，那是她在為自己對孩子的付出自我感動。

精神分析學家溫尼科特提出，想要幫助孩子從依賴走向獨立，孩子需要的是一個「60分媽媽」（Good enough mother）。「60分媽媽」意味著承認自己的不完美，當孩子說「媽媽陪我一起玩」，而媽媽正在忙碌時，她不會不管不顧地拋下所有的事情，而是會說：「媽媽知道你想和媽媽一起玩，但是媽媽現在有其他的事情，你先自己玩一會兒，媽媽做完自己的事就來陪你玩。」或者說：「媽媽有其他的事情，你看看能不能找你的朋友或者找爸爸一起玩？」

在孩子的分離—個體化過程中，母親在被孩子需要的時候出場是重要的，而在不那麼被需要的時候退場也同樣重要。有時候並非孩子依賴母親，而是母親依賴孩子，因為全能媽媽需要通過照顧孩子來體現自我的價值。然而每一個長不大的孩子背後，通常都有一個不願意退場的母親。我常常在網路上看到一些荒誕的新聞：二十多歲的人上了大學後卻不知饑飽冷暖，生活難自理，這樣的成年孩子比比皆是。還有我們常說的「媽寶男」也是沒有完成分離—個體化的過程，當一個成年男性連自己今天做什麼、吃什麼都要母親來管，買哪件衣服、選哪份工作都要母親來決定，這個孩子的內在是沒有獨立自我的。

這樣的男性在跟妻子建立親密關係時，他會覺得對不起自己的母親，他可能在從小和母親的相處中學會了如何照顧一名女性，所以他可能在親密關係中表現得分外體貼，但是他在心理上不會跟伴侶進入一個深度的情感連結中，而且他的媽媽也會和他的伴侶爭寵。沒有完成分離—個體化的孩子，所有的人對他們來說都是「第三者」。

依賴又獨立的秘密

首先，依賴又獨立只能發生在兩個成年個體之間。這種狀態就有點像是兩個人相處時，一個人在書房工作，另外一個人在沙發上看小說，但是兩個人回頭轉向彼此，目光觸碰的時候，他們心照不宣地相視一笑。好的親密關係不一定要時時黏在一起做同一件事情，是在此之外可以允許對方擁有獨立的空間。

「依賴—獨立」圖

有一個很經典的故事，一對新婚夫妻為了表現出兩人的恩愛，從教堂回來後就彼此約定：從此以後不管是你的，還是我的，都是我們的。比如稱呼彼此的父母時要說「我們爸」、「我們媽」，稱呼兩個人的家時要說「我們家」……所有的稱呼都改完了，一天上午，先生早上起來去廁所，太太在外面問：「親愛的你在我們的廁所裡做什麼？」然後先生說：「我在刮我們的鬍子。」

當我們彼此依賴時，我們並不認為對方是一個獨立的個體，甚至很想把對方改成自己想要的那個樣子，就像你不能有你自己的鬍子，那個鬍子必須是我們的鬍子。

其次，在家庭中，我們需要釐清自己的角色定位。我有很多來訪者會因為拒絕媽媽而感到內疚。這樣的來訪背後大多都有一個與自己邊界模糊的媽媽。在家庭系統中，我們為什麼會強調夫妻關係優於親子關係？實際上就是為了讓孩子能夠順利地完成分離—個體化。但是如果母子關係中沒有爸爸的存在的話，那麼媽媽和孩子有可能永遠分不開。有的時候是因為我們對親密關係的失望，所以我們把親子關係當成了我們生命中最重要的關係。那麼在這裡你會發現，媽媽不願意分開，不是孩子不願意，而是孩子擔心和媽媽分開會讓媽媽痛苦。

事實上，當孩子認為自己成年後，他是可以自主選擇的。他可以選擇告訴媽媽：「你是你，我是我，我有自己的事情，你也有自己的生活。」

最後，找到關係中的平衡，做到既依賴又獨立。

如我們前面所說，當我們認為自己很脆弱，沒有他人就活不下去的時候，我們更多地會依附於他人或關係，從而失去了自我。

現在很多人喜歡抱怨自己的「原生家庭」，這其實也是一種依賴的表現。一個完整而獨立的「成年個體」就是我們不依賴於我們的原生家庭。

依賴，不一定是相親相愛；依賴，也有可能是相恨。相恨會有各種各樣的表現形式，比如拼命說原生家庭不好；一直活在原生家庭的陰影下，沒有辦法釋放，也沒辦法去寬恕原諒；雖然已成年，但依然無法成熟妥善地處理與父母的衝突。這一切都是依賴原生家庭的一種表現。

有時候我們抱怨原生家庭，是因為我們把所有的攻擊性、所有的恨意、所有的無奈、所有的無力全部投射上去，把所有的不好都歸責於他人，這樣我們就可以逃避面對自己的現在與未來，躲在怨恨裡，躲在過去，不放過他人，也不放過自己。

Part 4

重新認識孤獨

15 為什麼認識很多人，但還是感到孤獨

孤單與孤獨

人本主義心理學家指出，人一生下來就要面對三件最重要的事：第一件是生命的意義，第二件是存在性孤獨，第三件是對死亡的恐懼。我們暫且放下第一件事和第三件事，先來弄清楚什麼是存在性孤獨。

存在性孤獨並不是指實際的寂寞、孤獨，也不是指一個人內心中的孤寂荒蕪，而是我們每個人作為單獨的個體所存在的、與其他生命之間難以逾越的鴻溝。簡單來說，當我們從媽媽的肚子裡出生，來到這個世界上開始，我們就是獨一無二的個體，沒有人與我們是一樣的。這種先天的差異，就註定了世界上沒有一個人可以與我們感同身受，也沒有一個人能完全地瞭解我們、理解我們和共情我們。就好像莊子的那句「子非魚，焉知魚之樂」。

但是，這種孤獨也並非完全無法解決和克服。解決它的唯一方法，就是與其他人建立連

結，尤其是建立深度的連結，也就是我們常說的親密關係。當有人能在某些事情上給予我們些許回應時，我們的孤獨感就會減少一些。

很多人把孤獨等同於孤單，其實二者之間是有很大區別的。孤單，更多說的是外在的形態，而孤獨則是說內在的感受，最明顯的區別體現在：孤單是沒人理我，而孤獨是沒人懂我。

舉個例子，假如你來到一個陌生的場合，發現這裡所有人都在熱鬧地狂歡，唯獨你沒有參與其中。你非常渴望能有人關注你，看到你的存在，或者熱情地將你拉入他們中間，但他們都沒有這樣做。這一刻，你會感到特別孤單。這種感覺就像你在深夜想找個人說說話，可翻遍手機通訊錄裡的所有人，卻發現無人可訴，只好獨自感懷。

而關於孤獨，心理學家榮格說：「孤獨並不是來自身邊無人。感到孤獨的真正原因，是一個人無法與他人交流自己最重要的感受。」你跟伴侶每天生活在同一個屋簷下，卻不能敞開心扉跟對方分享自己的喜怒哀樂，也不能直接表達自己的想法和需要，兩個人形同陌路，沒有任何有效的交流，每天只能重複一些關於「吃飯」、「睡覺」等簡單乏味的對話。遇到困難或者感到心情不好時，對方也不理解你、安慰你，你只能自己默默承擔。這一刻，你會感到特別孤獨。

在喧囂嘈雜的世界中感到孤單或孤獨，可以說是每個人都曾經或正在經歷的一種情緒體驗，這與你認識多少人沒關係。就算有人陪你一起看電影、一起吃火鍋，但陪你的人你不喜歡，做的事情你不感興趣，那麼你仍然會感到孤獨。

孤獨的三種類型

我的一個朋友曾跟我說：「你知道嗎？我有時明明身處在熙熙攘攘的人群當中，可仍然感覺很孤獨。不僅如此，我還經常會感到失落，甚至會感到挫敗、羞恥和絕望。周圍那麼熱鬧，我卻完全像個局外人，根本無法融入其中。」

我的另一個朋友卻告訴我說：「我下班後就想回家安安靜靜地待著，沒有人打擾，在家裡做做飯、看看電視，感覺好愜意。」

在你看來，這兩個朋友誰是孤獨的？

很多人可能會覺得，第一個朋友是孤獨的，第二個朋友並不孤獨。實際上，他們都是孤獨者，只不過處理孤獨的方式不同。

一般來說，孤獨可以分為三種類型：自我封閉性孤獨、被動孤獨和主動孤獨。

自我封閉性孤獨，也叫自我隔離性孤獨，它的主要表現是性格自閉，不會主動抓住機會，也不會主動跟人產生關聯，不願意展開社交，只想把自己封閉在一個相對狹小的環境裡。如果你問他們為什麼不願意跟人打交道，他們會說：「我跟那些場合裡的人格格不入，不是一路人。」、「他們的活動跟我沒關係，我不想參與。」有些時候，即使別人主動跟他們打招呼，或者想跟他們敘敘舊、談談心，對於他們來說都是一種很辛苦的應酬。他們更願意一個人待在一旁，但內心又時常感到孤獨。

關於被動孤獨和主動孤獨，我再舉兩個例子你就理解了。

一個週末的下午，午睡醒來的你發現窗外暮色昏沉，房間裡空空蕩蕩，寂然無聲。你四處摸了摸，在枕頭下找到了手機，螢幕亮起，沒有一條訊息，那一刻你感覺仿佛被這個世界拋下了。你倍感孤單，甚至有一些失落和無助。雖然你感覺孤獨，但不安於孤獨，總想逃避孤獨。

同樣是在一個週末的下午，你一個人關上房間的門，坐在透亮的窗前，捧起一本自己喜歡的書，讓自己徹底沉浸在文學的世界裡。同樣是你一個人，但體會到的則是積極甚至極致的享受。這種安於孤獨的狀態，也就是恰如其分的孤獨，恰到好處的孤獨。

有人說，孤獨的人是可恥的。當我們看到他人都處在關係之中，只有自己身處其外時，內心就容易生出一種羞恥感。而如果我們不能把完整的自己表達給別人，即使與他人建立了連結，這個連結也只是部分連結，並不完整。沒有建立連結的部分同樣會讓我們產生羞恥的感覺，因為這部分是我們沒辦法展示給他人的，是我們想要藏起來的。這時，我們就會有一種被動的孤獨感。

也有人說，孤獨是最大的自由。相比於熱鬧和喧囂，有的人更喜歡一個人獨處時的輕鬆，即使有些乏味，也不會感到不安。他們認為這是一種自願選擇的獨處，是在遠離無效社交，甚至是一種「采菊東籬下，悠然見南山」的極致享受。因為自己想要，所以選擇孤獨。這就是一種主動孤獨。

不過，對於絕大多數人來說，孤獨不太容易給人「享受」的感覺，更談不上是較高層次的生命狀態，反而會帶來一種不安的，或者說不舒服的體驗。如果你也有此感受，那或許恆常穩定的客體還未在你的內在形成，此時，接納這種不安，將是你接下來的功課。

讓人感覺孤獨的行為

很多人喜歡看喜劇，喜劇演員在台前為觀眾送上歡樂，但在幕後，這些喜劇演員中有不少都是憂鬱症患者。世界著名喜劇演員卓別林就曾講過這樣一則笑話：「有個人得了憂鬱症，去醫院看醫生，醫生告訴他『最近我們城裡來了個特別有意思的小丑，全城的人都去看他，被他逗得開心得不得了，我建議你也去看看他』。結果這個人說『我就是你說的那個小丑呀！』」

喜劇演員能讓那麼多人快樂，自己不是應該更快樂嗎？為什麼會患上憂鬱症呢？

實際上，我們看到的只是喜劇演員光鮮亮麗、精力充沛的一面而已，背後的他們其實是很孤獨的。我們必須承認，人的所有情緒都需要被看見、被表達，而喜劇演員在表演中需要把真正的、有情緒的自己隱藏起來，成為一個只能笑、不能哭，並且還要把別人逗笑的小丑，一邊誇張地表演，一邊又清醒地旁觀著癲狂的自己。而當一個人不能做自己的時候，痛苦就會隨之而來。

不管是喜劇演員，還是普通人，有時都會表現出完全不同的兩種行為，也有人將其稱為雙重性格——在外面時跟人嘻嘻哈哈，好像是團隊裡的氣氛擔當，回到家後就想一個人待著，覺得身邊所有人對自己來說都是累贅。這雖然會滋生孤獨，但已被社交耗光了精力的我們又不願意主動去打破這份孤獨。頻繁地在這兩種社會角色中切換，讓我們感覺孤獨而疲憊。

除了以上的表現外，還有一些讓人感覺孤獨的行為，我總結了一下：

◇把自己藏起來讓人感覺孤獨

我經常會在直播間跟大家講故事，大家都覺得我是個非常喜歡表達的人，但其實我大多數時候是比較迴避社交的，也不是很喜歡站到人群中去表達自己。

工作結束後，相比應酬聚餐，我更喜歡回到家一個人待著，不想被任何人打擾，否則我會感覺壓力很大。尤其當我在工作後感覺不是很好，或是沒有達到自己理想的狀態時，我就想要把自己藏起來，然後慢慢療愈自己、修復自己。

在工作時，我們需要面對很多人、很多事，需要付出大量的精力和心血，有時甚至還帶有某些表演的成分，目的就是把自己最好的一面呈現出來，把事情做好。但是，每個人也都有自己不好的一面，這一面就是我們不想被人看到的、只能自己體會的一面。這個時候，我們只能把自己隱藏起來，正因如此，我們才會感覺孤獨。

◇與外界對立讓人感覺孤獨

有人曾問過我：「這個世界上什麼樣的人最孤獨？」

我告訴他：「可能殺手是最孤獨的。因為殺手的內心藏著太多的秘密，如果這些秘密不小心洩露出去，他的生命就可能會受到威脅。所以，殺手不敢有朋友，更不敢輕易與人建立連結關系。」就像法國導演盧貝松拍的《終極追殺令》（*Léon*）這部電影中，殺手里昂完全不敢與人親近，只能養一株植物陪伴自己。直到後來，女孩瑪蒂達無意間闖入他的生活，里昂從此有了弱點，有了羈絆，有了想保護的人，也有了情感和溫度，有了與世界的連結。

在一段關係中，如果我們時刻防備，這會讓我們和他人處於一種對立的狀態。舉個例子，在我第一次離家獨自生活時，我的母親跟我說：「外面壞人很多，獨自在外一定要小心。」當我認同了母親這句話時，我會帶著一個「壞人」的濾鏡來看待這個世界，這時我會與他人處於對立的狀態。

阿德勒在《自卑與超越》中說，每個人都想獲得優越感。但有一個關鍵點在於，很多人往往會通過勝過他人而獲得一種優越體驗。這種優越感發生在大大小小的競技比賽中，也發生在日常生活的小事裡，他們希望自己能贏，能超越所有人，凡事都要爭輸贏爭對錯，然而在這個過程中會樹立很多的「對手」、「敵人」，不知不覺就與所有人站到了對立面。

阿德勒還告訴我們：「專橫的背後是懦弱，優越感的另一面是自卑。」優越感的另一面所對應的，恰恰是一種自卑情結。擁有自卑情結的人，大多數都是孤獨的，因為他一直處於一種與他人比較的狀態中。當一個人拼命地想要證明自己、想要贏過別人時，你就會知道他的自卑感有多強了。

孤獨的過去、現在與未來

前幾天，我跟朋友探討了一個問題：在我們的生命中，有些事情是非常美好的，但同樣存在一些黑暗的東西。當我們去探索這些黑暗時，可能會感到害怕，這時該怎麼辦呢？

我們知道，小孩子遇到害怕的事情時，會第一時間找媽媽，尋求媽媽的幫助；而一個成年人遇到害怕的事情時只能自己面對。這時，我們的內心中如果沒有一個真正能讓我們產生強烈安全依戀的客體，或者說我們不相信、不承認世界上有這樣一個人時，就會感受到孤獨。

事實上，一個人孤獨的劇本從童年時就已經在逐漸形成了，如果不加覺察的話，這個劇情就會在我們的人生當中不斷重複下去。

通常來說，零至三歲的階段被認為是一個人的人格形成的階段，如果一個孩子在這個年齡段內能與媽媽建立安全、穩定的關系，這種關係就會成為孩子未來與他人建立關係的模型。當孩子逐漸長大，從與媽媽的關係中分離出來後，他一定會去尋找另一個人重新建立親密關係。並且，他還會按照自己與媽媽之間的關系模型去跟他人建立連結，用媽媽曾經對待他的方式去對待他人。如果孩子與媽媽沒能建立良好健康的關係，那麼他長大後就不知道要如何與他人建立關係、維繫感情，遇到一些人際關係上的困難時，經常會感覺自己形單影隻，非常孤獨。

那麼，如果我們想要打破這種孤獨的體驗，該怎麼辦呢？

一個有效的方法，就是去尋找與自己有最親近關係的人。大家聽說過「探洞」嗎？有些人會專門去那種又大又陰暗的溶洞裡探險，想要保障安全必須滿足兩點，一是有一根安全繩，二是有一名安全員。這個安全員一定是你絕對信任的隊友，也是與你關系最親近的人。這樣當你進入溶洞後，無論你遇到任何危險，只要一拉安全繩，你的隊友馬上就會把你拉上來。所以即使探洞很危險，你也不會感到孤獨，因為外面有你最信任、最親近的人在保護你的安全。你與對方的這種關係，就可以稱為「生命中的安全繩關係」。

但是，很多人可能並不擁有這種關係，或是把生命中出現的一些錯誤的人當成了自己的安全繩。比如有的夫妻雖然擁有一紙婚約，但彼此的關係並不一定是最親密的，也不一定是讓人真正感到安全和踏實的；再比如一個沒有力量的、敏感又脆弱的媽媽，她無法為孩子提供任何能量和幫助，這對孩子（特別是對於一個嬰兒）來說，就相當於被放入了一個充滿危險、令人絕望的黑洞當中，媽媽根本無法為他提供一根可以救命的「安全繩」，這就會使得處於這種關係中的孩子感覺非常孤獨和無助。在這樣的成長環境下，孩子會不斷否定自己的價值，同時拒絕與人建立深度連結，繼而讓自己陷入更深的孤獨之中。

孤獨背後的自戀狀態

當你感到孤獨時，找到陪伴你的人是緩解孤獨的一個很好的方式。但是，這種陪伴不是說有個人在你身邊就好，陪伴是一種情感之間的連結，是一種深度的關係。缺乏情感共鳴的兩個人，即使抱作一團取暖，也不能真正緩解孤獨。我們時常感到孤獨，就是因為我們無法與人深度連結，或者說我們陷入了一種自戀狀態中，覺得世界上沒有人值得跟自己連結。這種狀態，我們稱之為「假自體狀態」或「假自我的狀態」。

「假自我」的理論，是由心理學大師唐納德．溫尼科特提出來的。與「假自我」相對的，則是「真自我」。溫尼科特認為，「真自我」是對於自我的一種自發的、真誠的體驗，它能讓一個人感受到自己活著，並且自己的任何感受都是符合客觀世界的真相的。比如「當我感覺不舒服時，是因為有些事的確讓我不舒服，而不是我自己的感覺出了問題」，而這種感覺也是我們維護自己利益的基本前提之一。在「真自我」的狀態下，我們會前所未有地體會到生活的意義感。

與之相反，「假自我」是一種防禦式的、虛假的外觀。當你處於這種狀態時，你的自我圍繞著他人的感覺而構建，而且你與他人建立的人際關係也多數都是虛假的。從表面看，這些關係好像很真實，但其實你根本無法感受到自己與對方之間有什麼深刻的連結，你的孤獨感也會只多不少。

我把這種處於「假自我」狀態中所建立的人際關係進行了總結，一般可以分為下面這三種：

第一，孿生自戀。孿生自戀最明顯的狀態，就是感覺別人和自己像是孿生子一樣，總是和自己有著相似的想法和感受。在建立人際關係時，你看到的永遠是對方跟你相像的那一面，並且你會認為這一面是最好的，但實際上這只是你的一種自戀的假象。

第二，誇大自戀。誇大自戀在生活中非常常見，最典型的例子就是有些人喜歡在社交場合吹牛。有些網紅特別喜歡出入各種名流圈子，跟各類明星、商界名人合影拍照，然後拿著這些照片去跟人吹噓。但實際上，他也只是與這些人合照而已。這種與人建立關係的方式，是在尋求一種「黏附性認同」。簡而言之，就是一個人對某件事的認同不是出於自己的判斷，而是大多數人覺得厲害便是厲害，自己只要跟這個「厲害」沾上邊，便能證明自己也很厲害。其實，人家的「厲害」跟他一點關係都沒有。

第三，理想化自戀。理想化自戀是說，你在別人面前表現出的良好言行，最終都是為了自己。這樣解釋好像很晦澀，讓我舉例子說明。有一次，我開車帶著三個朋友去外地，在高速公路上遭遇了大暴雨。你知道，在高速公路上開車遭遇暴雨是非常危險的，所以我開車時全神貫注，絲毫不敢掉以輕心。我的三個朋友見狀，可能是為了緩解一下車內的緊張氣氛，就說：「老胡開車可真穩，簡直就是在為我們保駕護航。」我聽後哈哈一笑：「我好好開車可不是為了給你們保駕護航，我是為了自己保命啊！」

在朋友看來，我認真開車是為了保護他們，所以他們會強調我的好。但實際上，我認真開車首先是為了保證自己的生命安全。在這個過程中，你會發現朋友把我理想化了，而朋友口中的「為大家保駕護航」的我，其實就是一種理想化自戀的狀態。

以上三種狀態，就是我們在人際關係中經常會陷入的自戀狀態，而這三種狀態最終也只是為了我們自己，不是為了別人。當你陷入其中任何一種狀態時，你的內心都是孤獨的，你與別人建立的關係也並不親近，因為這種關係中只有自己，沒有連結。

因此，在一段關係中，如果你認為一些事情你擁有決定權，不需要徵求別人的意見，這恰恰意味著你沒有與別人真正建立關係，更沒有在這段關係中做到最重要的一點——尊重。

16 為什麼犧牲這麼多，依然不被認同

犧牲、奉獻與受害者情結

什麼是犧牲？

如果用古詩來形容，清代詩人龔自珍在《己亥雜詩》中寫到「落紅不是無情物，化作春泥更護花」，唐朝詩人李商隱在《無題》中寫到「春蠶到死絲方盡，蠟炬成灰淚始乾」——其中的「落紅」、「春蠶」、「蠟炬」都是犧牲精神的一種表現，為了成全別人或滿足別人的利益而放棄個人利益。

《現代漢語詞典》裡對「犧牲」的解釋是為了正義的目的捨棄自己的生命。比如諸多英雄烈士守衛國家「為國犧牲」，這樣的犧牲是一種愛國主義的高尚行為。但這種犧牲不是本文所要討論的，本文要討論的是生活中存在另一種關係中的「犧牲」。

我的一位來訪者，她的父母很喜歡跟她說的一句話是：「我們為你犧牲了那麼多，你可

要聽話一些啊。」如果一個人在犧牲自己利益的同時，潛意識中還期望獲得更實質的回報，心裡存在著「你欠我」的潛台詞，這就是一種旨在索取的犧牲。與這類人相處，我們會發現自己持續處於一種被期望去感謝與讚賞的情景裡，頗有情感負擔。

那麼，什麼是奉獻呢？

從某種程度上來說，奉獻與犧牲有一定的相似性，都意味著捨棄自己的某些利益，但奉獻更多體現著一種心甘情願的意味。在做一件事情時，自己可以從中獲得某種回報，且不會期望讓別人回報，也不會讓別人產生虧欠感。很多匠人、學者在自己熱愛的領域內埋頭鑽研，有時一鑽研就是一輩子，把自己的一生都奉獻給了一件事，不僅自己獲得了榮譽感和成就感，而且為國家、人類做出了巨大貢獻。我們會對這類人產生尊敬和敬仰。所以你看，犧牲與奉獻的最大區別，就在於犧牲是委屈自己，有時甚至會讓對方感覺虧欠，獲益者往往只有一方；奉獻者則是為了成全自己、成全關係，最終獲益的往往是雙方。

我從事心理諮詢多年，經常會遇到一些喜歡抱怨的人，他們抱怨孩子，抱怨伴侶，抱怨同事……抱怨對方不理解自己、不陪伴自己、不重視自己。我在與他們互動的過程中發現，他們對周圍人時常抱有一種敵視態度，仿佛自己的孤獨、不幸、痛苦都是別人造成的，是別人故意這樣對待自己，但他們沒有意識到，自己的人際關系模式其實與他人無關。這樣的人，就具有受害者情結。

冰凍三尺非一日之寒。具有受害者情結的人，在人際關係中總會期待別人能帶給自己價值，期待別人照顧自己，自己卻不想付出；或者在人群中表現得像個脆弱的嬰兒，離開他人的幫助就手足無措，無法繼續生活。當然，他們也可能會去討好別人，但這種討好並不是心甘情願的，而是因為他們認為如果不這樣做，別人就有可能會排斥、拋棄自己，這是他們最怕的後果。

此外，具有受害者情結的人，與他人建立的關係通常也是對立的，他們會在潛意識中認為別人討厭自己。所以，他們在生活中小心翼翼，每天都要察言觀色，想知道別人到底喜不喜歡自己。有時候，對方一個無意的眼神都會讓他們琢磨很久。經常處於這種情緒的人，因為負能量太多，旁人不願意靠近他們，所以他們經常會陷入悲傷的情緒中，並且很難與人建立和諧的合作共同體關係，也會經常感到孤獨。

自我犧牲是自戀者的遊戲

◇「自我犧牲」是童年時期的一種生存策略

很多人小時候都有過這樣的經歷：其他小朋友來家裡做客，想要玩我們心愛的玩具，我們明明不想給，但因為爸爸媽媽說「懂得分享的孩子才是好孩子」，所以我們為了當好孩子，就不得不把喜歡的玩具讓給其他小朋友。當我們這樣做時，就會換來一些肯定和誇讚。

當被父母要求和其他小朋友分享玩具時，孩子內心真的願意這樣做嗎？我想有時並不願意，但為了得到父母的肯定、表揚和更多的愛，孩子不得不違背自己的意願，滿足他人的期望。這種順從是一種被逼無奈，可只有這樣做才能證明自己是乖孩子。有時父母內心也不一定願意這樣做，但為了證明自己的家庭教育成功，也不得不做出違心之舉，通過滿足別人的期望來保全自己的面子。

對於小孩子來說，父母就是自己安全生存的唯一指望，一旦被拋下，就意味著死亡，因此來自父母的認可、肯定和愛至關重要。為了不失去這些重要的東西，孩子不得不自我犧牲以此換取更多的生存機會。所以，這種自我犧牲並不是心甘情願的，只是孩子為了生存或與他人相處的一種策略。但是很顯然，這種自我犧牲是反人性的。

◇自我犧牲的人不承認自己獲益

一個經常自我犧牲的人，是無法感知自己在關係中是否獲益的。他們內心中有一個很重要的點，就是不能承認自己被滿足過，不能承認別人為自己付出過、提供過價值。所以，他們也會把自己獲得滿足的那部分隱藏起來，或者否認它的存在。

那麼，處於自我犧牲狀態下的人有沒有自我滿足的需求呢？

當然會有，這種自我滿足的需求就是自戀。但是他們不會讓別人發現自己也有這樣的需求，因為一旦被人發現，這種自我犧牲式的自戀感就受到了挑戰或被打破。這是他們無法接受的。

所以，一個自我犧牲型的人，既不承認自己的需求，又不承認他人的價值，始終處於一種矛盾的狀態中。

我的母親就是一個自我犧牲型的人，這與她幼年時的成長環境有關。小的時候，家裡兄弟姐妹多，她要照顧弟弟妹妹，並且在過去重男輕女的家庭中，女兒本身就很難得到重視，因此，她在家中是通過犧牲掉「女兒」的這個角色來換取生存的。她從小沒有感受過太多關於「女兒」的情感，每天面對的就是如何照顧好弟弟妹妹，哪怕自己苦一點也沒關係。

而當她長大成家，有了自己的家庭後，她的這種自我犧牲狀態便延續到新的家庭裡，延續到自己的孩子身上。在我們小時候，如果家裡吃魚，她都會說自己喜歡吃魚頭，把魚肉分給我們。長大後，弟弟每次買魚，都會買魚頭很大的魚，然後把做好的魚頭夾給媽媽。有一天，我的母親就很生氣地跟我弟弟說：「你為什麼總給我吃魚頭？你以為我真的喜歡吃魚頭嗎？你們小時候家裡窮，沒辦法，才把魚肉給你們吃，我吃魚頭！」弟弟當時特別震驚，說：「天啊，為什麼不早點告訴我們呢？現在我們不需要再過那樣的苦日子了呀！」

母親一直持有的這種自我犧牲的狀態，讓我們彼此誤解了很多年。

◇自我犧牲是自虐的一種方式

那些自我犧牲型的人，為什麼非要犧牲自己成全別人呢？到底是別人要求他這樣做，還是他要求自己必須這樣做？這是件很有趣的事。

佛家有「割肉餵鷹」的故事，佛祖見老鷹在追捕一隻可憐的鴿子，慈悲心起，就從自己身上割肉餵給老鷹，救下了鴿子。這是一種犧牲自我、拯救蒼生的行為，用自己的犧牲來滿足別人的需求。

但那是佛祖，而我們只是普通人，即使犧牲自我成全他人，也並不會完全無所渴求、無所期待，他們其實是通過這種方式獲得一種心理上的滿足感。從心理學角度來剖析，這是一種自虐傾向，通過傷害自己、犧牲自己而滿足別人又或是報復別人，同時讓自己達到一種精神上的滿足。簡而言之，自虐就是對自己所恨的對象發出愛的邀請。

很多父母經常抱怨自己的孩子是「討債鬼」，生下來就是向自己討債的。但如果你一開始就把孩子當成「討債鬼」對待，那麼孩子就成了與你對立的人，這時你對孩子的好、對孩子的犧牲就成了一種自虐。並且，這種父母對孩子一定是有所期待的，從表面看，他們犧牲自己的青春、事業、生活去滿足孩子的需要，其實到最後同樣需要孩子犧牲自己的利益來滿足他們的需求，比如希望孩子出人頭地，讓自己過上更好的生活；希望孩子能夠給自己養老送終……等等。因為犧牲就意味著傷痛，意味著不公，只要有傷痛和不公，就會希望獲得代價和補償。而一旦想要獲得代價和補償，又會破壞兩個人的關係，甚至整個家庭關係。

在我的一次講座中，有一位同學問我：「老師，既然有些父母都是在犧牲自己養育孩子，那為什麼他們要生孩子呢？而且有的家庭還要生好幾個孩子！」我告訴他，因為這些人對孩子總是有更多的期望，想讓孩子來完成他們人生中無法完成的事，比如更高的事業成就、更優渥的生活、更和諧的家庭關係。在這種情況下，孩子就成了父母的工具人。

自我犧牲型的人還有一個特點，他們在任何時候都會像一個永動機一樣，時刻都要做事。什麼時候才能停下來呢？就是發現自己受傷或生病的時候，心理學上把這種情況稱為「疾病獲益」。

有一位我很尊敬的老先生，年過花甲，在兒子家幫忙帶孫子。一次遇到他，他跟我說，他很想回老家，但又放心不下孫子，只能待在這裡。說完，他又補充一句：「看來只能等我生病了才敢閑下來呀！」我聽後，立刻回應他說：「老先生，想休息時就要休息，請個保姆幫忙也可以的。」

當我們的身體需要休息，但意識又不允許時，我們的身體就會創造各種機會來

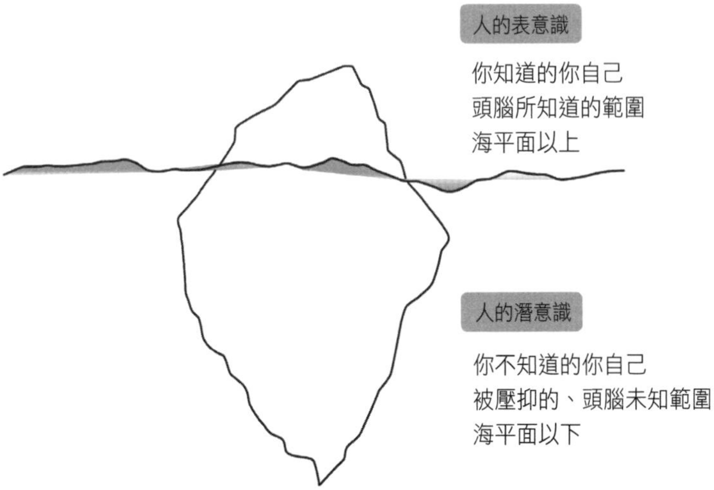

佛洛伊德冰山模型圖

讓自己休息。當這位老先生說等他生病才能閑下來時，他的潛意識就已經決定要生病了。精神分析學家佛洛伊德將潛意識比喻成巨大的冰山底座（見上頁的圖），人類的各種本能就是大腦的一種潛意識，是人類心理活動中未被察覺的部分，是人們「已經發生但並未達到意識狀態的心理活動過程」，而我們能夠覺察的意識僅僅是露出水面的一部分。那些被我們壓抑的東西，往往都被壓抑到潛意識中去了。

自我犧牲型的人總要壓抑自己的情感或情緒表達，犧牲自己的一部分利益，壓抑自己的一些需求，這些被壓抑的情感躲進潛意識中，伺機而動，嚴重時會演變成軀體上的症狀。

自我犧牲的關係中沒有合作

看過馮小剛執導的電影《芳華》的朋友，一定對裡面黃軒飾演的劉峰一角印象深刻。劉峰就是一個自我犧牲型的人。在大家的眼裡，他是一個「老好人」，對身邊的每個人都有求必應。但是你會發現，這麼好的人竟然一生都沒有朋友。

為什麼會出現這種境況？

原因就在於，在自我犧牲者的人際關係中，只有債權人和債務人的關係，恰恰沒有合夥人的關係。在正常的人際關係中，人與人之間是需要彼此合作、互相依賴的。但身處債權人或債務人的關係中時，雙方就很難建立這種親密的合作關係，尤其是受人恩惠的債務人一方，更想要遠離債權人，因為跟他們在一起會讓自己倍感壓力，擔心自己還不起對方的恩惠。作為債權人一方，明明自己付出很多，卻換不來對方真心相待，自己內在的需求無法滿足，這時就會覺得特別孤獨。

自我犧牲的人如何自救

很多人不願意與自我犧牲型的人交往，因為他們會經常談論自己的痛苦，這種情緒會嚴重影響到別人，並且他們在幫助別人時，還會讓別人感覺像在欠債，心裡非常不舒服。所以，自我犧牲型的人很難擁有親密的人際關係。

如果你不想再被這種情緒所困擾，那就要嘗試給自己一些幫助。下面的方法，希望可以幫到你。

◇覺察自己付出背後的真正目的

很多時候，自我犧牲的人只是為了滿足自戀心理，目的是感動自己，以一種有「恩」於他人的方式來證明自己的價值，而不在意對方是否真的需要這份付出，結果只會給對方帶來壓力和愧疚感，甚至想要遠離。

如果你真的希望幫助對方，更恰當的做法是不讓對方因為你的「恩情」而感到壓力和窘迫。所以，在你幫助別人後，不妨時不時地「勞煩」一下對方，讓對方幫你做一些他能力範圍之內的小事，這就會讓對方感覺自己是有價值的，並且能夠對你的幫助有所回應。

同樣，當別人向你表達感激時，你可以告訴對方：「每個人都有困難的時候，能幫到你我很開心，也許哪天我也需要你幫忙呢！」而不是動不動就跟對方說：「當初要不是我幫助你，你早就……」這是很難獲得對方的友情和感激的，因為沒有人願意經常把自己的窘迫、無力、甚至羞恥的東西呈現出來，而你不斷強調這件事，就等於是在撕碎他的自尊，他又怎麼願意與你親近呢？

心理學上有這樣一個說法：在人際關係中，我們都喜歡被我們幫助的人，而很少去喜歡一個幫助我們的人。以上的內容，就解釋了這個道理。

◇為自己的選擇承擔後果

我們常說，痛苦會讓人改變。但你永遠叫不醒一個在痛苦中裝睡的人，除非有一天他自己痛得沒辦法再繼續了。所以，如果你執意要自我犧牲、被動選擇，那麼你就要告訴自己：「這是我自己的人生、我自己的選擇，與我所付出的對方無關。既然如此，我就要為自己的選擇承擔後果，而不去要求對方給予我期望的回報。」當然，要做到這一點或許很難，你可以試著在每一次付出前提醒自己。

◇給自己或關係一個交代

總是帶著自我犧牲的姿態進入一段關係，你就只能擁有債務人與債權人的關係，很難找到真正的合作夥伴。所以，如果你覺得自己是一個自我犧牲型的人，又感覺自己的付出、犧牲得不到理解，非常委屈，那麼你是否可以做一個選擇，讓自己從孤獨的狀態中走出來呢？

實際上，當你能夠承認自己在一段關係中也有所獲得時，那一刻你就已經實現了自救，你的孤獨也得到了療愈。

有的人可能會說：「如果我不自我犧牲，我就會感到很愧疚。」沒關係，感到愧疚就哭出來，並且告訴別人：「對不起，我不想再繼續這麼做了，我不能再去滿足你的期望和要求了，這樣的付出對我來說太沉重了。」說「對不起」、想要放棄付出，並不意味著我們做錯了什麼，而是我們要給這段關係一個交代，給自己一個交代。這是在幫助我們釐清這段關係，釐清彼此間的邊界，讓彼此都知道「對方的期望與我無關，那不是我的期望，也不需要我不斷付出」。這樣，你才能從這段關係中真正脫離出來，放下自我犧牲，去追尋真正屬於自己的生活、自己的未來。

17 建立有效社交，看見關係中的你我

社交的迷思

社交是指人與人之間的互動交流，是一種社會化能力。當我們還是嬰兒的時候，我們會對著父母笑，會咿咿呀呀地「說話」；稍微長大些，我們又會對著其他小朋友說話。這些都是在發展我們的社會化能力。從這些交流中，我們逐漸學會了處理與他人的關係，與他人交朋友，建立自己的社交圈。人的社交能力就是這樣慢慢培養起來的。

但是，在成長和學習社交的過程中，有一些人會經歷社交障礙。很多剛剛進入新環境的年輕人就容易遭遇適應性障礙問題，不知道怎麼與陌生人建立關係，甚至會產生「別人都不喜歡我，不想跟我做朋友」的感覺，讓自己陷入孤獨的狀態。

實際上，當我們想要走近別人的時候，別人也會想要走近我們，因為社交是雙向的，大家都有相互交流的意願。而一些人之所以會遇到適應性障礙問題，往往是因為陷入了單向社

交的陷阱。以下四種迷思，就很容易讓我們掉入單向社交的陷阱之中。

第一，如果我們對一個剛認識的人抱有過分的期待，比如把他當成一個能夠照顧自己，並且能滿足自己某些需求的人，這就容易導致我們的社交一開始便陷入了僵局。這種場景在相親中很常見，第一次見面，還沒瞭解對方是誰，就給對方提出各種標準或者要求，這種「唐突」通常會嚇跑另一方。

第二，在彼此尚未完全相互信任的情況下，就帶著想從對方身上攫取利益的目的去交往。很多缺少經驗的推銷員，一上來就要求你購買他的產品，但是這個產品能提供給你的具體、真正的價值是什麼，他又說不清楚。

第三，在交往前，先設定自己在別人眼中的形象是不討喜或惹人厭的。這就意味著我們也不願意與對方進行深入交流。在演講表達的培訓中，我經常會讓學員去感受自己站在台上那一刻的心理活動：是在尋找挑剔的目光，還是尋找支持的目光？如果我們時刻尋找挑剔的目光，那麼我相信，接下來的幾分鐘我們會在台上如坐針氈，時刻擔心自己的表現，騰不出精力去瞭解觀眾的想法，就更不要說和觀眾深入交流了。

第四，習慣用單一的方式對待所有人，而不認為每個人都是有個性的。我曾經有一個年輕的男性來訪者，他說他每次表白時不管女孩子如何表現，他都喜歡送女孩子鮮花，前兩個女孩子都告白成功而答應交往，而第三個女孩子因為他送花而拒絕了他。後來女孩子答覆他，在他們前幾次約會中，女孩子都表示自己對花粉過敏，然而他對此多次忽視，由此女孩子覺得這個男生並不是真正在意自己。

陷入以上四種迷思，就容易讓我們的社交陷入僵局。如果想與他人建立連結，我們首先要明白每個人都有自己的特質、愛好、情緒等，在尊重對方的基礎之上與對方交往，才有可能建立有效社交。

我經常會介紹我的朋友們互相認識。其中有一位朋友很有趣，每次我介紹朋友給他認識時，他總是對我表示感激，並且不斷肯定我介紹的人。關鍵的是，他不會在一開始就評價對方，只有在我問他我介紹的朋友怎麼樣時，他才會說：「人挺不錯的，但我還不是很瞭解。」過一段時間後，他會告訴我，他跟我介紹給他的朋友成了好朋友，原因是他通過自己慢慢瞭解發現了對方的優點以及與對方談得來的地方。這個過程體現出人與人之間交往的邊界與社交的規則。

建立社交關係是一個循序漸進的過程，沒有哪兩個人能夠一下子就變成密友或成為合作夥伴。我們不能極度地包裹自己不與他人社交，也不能毫無自我保護意識地將自己全盤托出。如果你不懂得在社交中保護自己，那麼你不僅難以獲得別人的尊重，還可能會給別人帶來很多困擾。就像我們在生活中會看到一些人，第一次見面就把自己家雞毛蒜皮的小事（甚至隱秘之事）都分享給別人，或者是剛剛認識就開口向別人借錢，打擾對方的生活。這些行為都是在破壞社交循序漸進的原則，自然很難獲得別人的尊重和友情。

建立社交的五個層次

一般來說，我們要與他人建立社交關係，從陌生到逐漸熟悉，再到無話不談的摯友，需要經過五個層次。

第一，陌生人之間打招呼或闡述事實：我們剛剛與一個人認識時，第一句話往往就是打招呼，互相說「你好」、「很高興認識你」，這表示兩個人的關係還很疏遠，彼此互動也僅限於打招呼或是向對方問好，以表達自己的善意。接著，我們還可以與對方闡述一些事實。因為此時兩個人還不熟悉，沒有共同的話題，也不知道對方的愛好與禁忌，而闡述事實不但能為雙方提供一個安全的話題，還能緩和彼此間無話可聊的尷尬氣氛，打開兩人之間的話匣子。

第二，提出訴求或願望，讓彼此有所互動：在寒暄過後，我們可以根據當時的情境提出一個訴求或願望，比如我想喝點什麼、我想去哪裡等，與對方形成一定的互動。當然，你提出的訴求或願望一定要在對方的能力範圍之內，否則可能難以形成互動。

在社交中，學會向對方表達自己的訴求和願望是很重要的。有些話你說出來，別人都不一定懂，如果你不主動提出，而是把自己的情緒、訴求都藏在心裡，那麼你們彼此間就很難有共同話題，距離也只會越來越遠。大家互相猜不透，又怎麼能成為熟人、摯友呢？當你告知對方你的訴求，其實也是給予對方成全自己的機會。成全是相互的，你成全了對方，同時也在成全自己。

第三，對某些事件表達觀點：我們可以把當前的一些熱門事件、網路新聞等作為談論的話題，向對方表達一些自己的觀點、看法等。這是在向對方表達真實的自我，同時也意味著我們願意卸下自己的社交面具，耐心地與對方交往，這樣才有可能看到更真實的彼此。

第四，對某些事情表達感受：當我們與對方的關係更進一步時，就可以針對一些事情表達自己的感受了，比如看到某人在臉書上發表的內容，對某個人做事風格的感受等，是喜歡、贊同，抑或是不舒服。

在中國辨論節目《奇葩說》中，傅首爾分享了這樣一件事。有一天，她的一位朋友給她發了個簡訊，簡訊

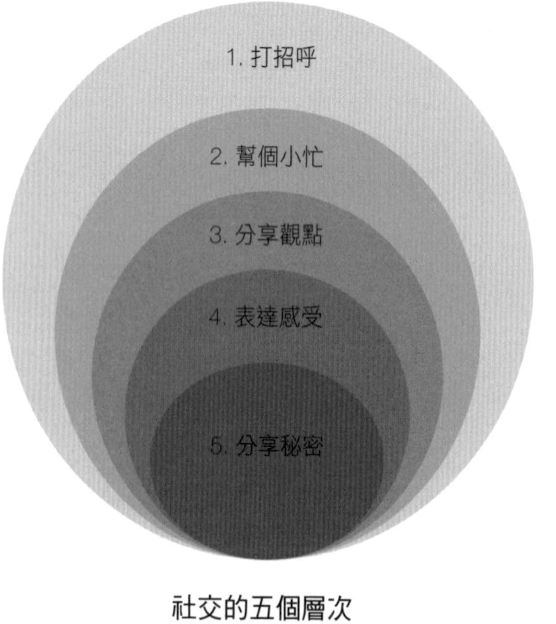

社交的五個層次

只有三個字：「我離了。」傅首爾看到這三個字後，心裡一下子有很多話要對朋友說，但最終她只回了四個字：「你還好嗎？」

這就是在詢問對方的感受，允許對方跟自己分享，希望能與對方建立更深一層的連結。而當我們願意在別人面前表達自己的感受時，也意味著我們可以真正地與對方在一起，並與對方共情。

第五，彼此分享秘密和真實的自我：這是社交關係中的最高層次。當我們和對方都感受到自己被真誠對待，且彼此足夠信任時，我們就可以把自己的秘密分享給對方。當我們的人生中至少有一位可以坦誠分享的朋友時，就意味著我們有了一個可以看見自己、理解自己，並能夠真正愛護和尊重自己的人。

有些人可能會不解，為什麼社交一定要循序漸進，而不是一開始就直截了當地與對方分享感受、分享秘密呢？這樣不是更容易拉近雙方的距離嗎？

我之所以建議你循序漸進地建立社交關係，是因為你剛剛與對方相識，對方並不一定想要知道你的感受或秘密，並且一旦對方聽到了你的秘密，就意味著要承受為你保守秘密的壓力。這涉及心理學上的一個重要概念——自我表露。

自我表露是指向他人透露自己的資訊，包括想法、感覺、喜好等。心理學研究證實，自我表露是建立、維持、促進雙方關係的最有效保障之一。但我認為自我表露需要建立在自我保護的基礎之上，我們要根據自己感知到的不同程度的安全感，選擇與對方分享何種資訊。

所以，隨著交往的不斷深入，自我表露的內容才會隨之改變，從最開始關於興趣愛好、各種觀點的分享，再到個人秘密與隱私的分享，這才是更加合理的社交方式。

社交的五個原則

在社交中，除了要遵循以上五個層次與他人建立社交關係外，我們還要遵循社交中的一些原則，從而幫助我們從「社交菜鳥」進階為「社交達人」，從迴避社交到享受社交。社交原則同樣包括五個方面。

◇做一個願意為他人鼓掌的人

從心理學上講，每個人都需要被看見。當我們能看見別人的那一刻，也許自己也會被更多人看見。就像我前面提到的我那位朋友一樣，當我介紹其他朋友給他認識時，他總是先為對方鼓掌。相反，如果他一開始看到的都是對方身上的缺點和瑕疵，甚至當面指出來，讓人難堪，他就不可能擁有眾多的好友，也無法贏得他人的尊重。

◇尊重自己，同時尊重他人

在社交中，最常見的兩個迷思就是太看輕自己和太看重他人。太看輕自己，於是把自己在關係中的位置一降再降，將自己活在了對方的陰影下，對方一句無心的話語，就能使我們的心情左右搖擺、忐忑不安。而太看重他人，是指我們經常將別人看作照顧自己的人，將其視為最好的朋友又或是最親近的角色，認定對方有義務照顧自己的感受，於是在關係中逐漸得寸進尺，忽視了別人的意見和感受，這是一種自負的表現。難怪總有人發出疑問：「我是把你當作好朋友才這麼說的，你怎麼這樣？」

很多時候我們覺得得不到別人的尊重，是因為我們既沒有做到尊重自己，也沒有做到尊重他人。為什麼這麼說？回到剛剛那個演講的場景，我們為什麼會尋找挑剔的目光？最根本的原因是我們覺得自己可能存在讓別人挑剔的地方。尊重也是如此，當你能夠尊重自己的內心，同時傾聽他人的想法，才能收穫一段恰如其分的關係，關係中的角色也能夠回到他們本應該在的位置上。

◇要有循序漸進的分寸感

所謂分寸，就是人與人之間的邊界。經常有人跟我分享他們經歷過的一些尷尬時刻，比如把自己的秘密告訴給了別人，結果轉眼間這個秘密就被傳開了。那一刻，他既憤怒、難堪，又後悔。

法國作家羅曼．羅蘭（Romain Rolland）曾經說：「有些事情是不能告訴別人的，有些事情是不必告訴別人的，有些事情是根本沒有辦法告訴別人的；而且有些事情是，即使告訴了別人，你也馬上會後悔的。」

所以，社交過程中的拿捏與知曉分寸顯得尤為重要。在彼此關係沒有到達一定程度的時候，如果沒有邊界地隨意把自己呈現給任何人，自己的脆弱或是強大，都有可能成為日後困擾的來源。分寸感既是一種對自己的保護，也是一種對彼此關係的保護。

◇向對方表達善意

來往需要兩個人互相走近對方，但如果兩個人的關係變成了互相對立，那就說明這段關係中的某一方可能不是帶著善意的；或者說其中一方給另一方貼上了「惡意」的標籤，所以才會在對方想要走近自己時選擇了逃離。

而表達善意，則是向對方釋放友好的訊息，告訴對方：我願意接納你，我想跟你有更多的交流、交往與合作。這樣彼此的關係才能更近一步。

◇遵循價值交換原則

當一個人認為自己沒有價值，無法對別人有貢獻、有幫助時，就會覺得自己很糟糕、很孤獨。但是，在你不斷成長、不斷追逐優秀的過程中，你的價值會不斷提升，你在社交中也就具有了吸引力。在與別人交往時，你不但擁有充分的自信，還會自帶吸引力，讓別人願意主動走近你、與你結交。

這就提醒我們，想要遠離孤獨，建立真正的社交關係，關鍵一點就是要不斷提升自我。我們可以通過兩方面來實現這個目標：一是向內探索，尋找自身的亮點，並將其發揚光大，同時停止對自己的否定，增強自己的信心；二是向外拓展自己的社交圈，與願意支持你、幫助你的人建立聯繫，打造自己的社交系統，不斷積累自己的社交資源。當你變得比以前的自己更好、更優秀時，你的自我價值自然就獲得了提升。

這裡有一點要注意，有些人會處於一種自戀狀態，喜歡事事以自我為中心，希望所有人都圍著自己轉，卻不願意為別人付出或提供價值給別人，時刻想的都是如何從別人身上獲取利益。這樣的人一定是孤獨的。

如果你恰恰是這樣的人，那麼我建議你試著改變自己，學著去為他人提供價值。在心理學上，為他人提供價值被稱為「他者貢獻」。《被討厭的勇氣》一書中說：「『他者貢獻』並不是捨棄『我』而為他人效勞，它反而是為了能夠體會到『我』的價值而採取的一種手段。」我們最容易理解的「他者貢獻」就是到社會上工作或參與勞動，這些方式並不完全是為了賺取金錢，還為了實現「他者貢獻」，體會到「我」對他人是有用的，進而獲得自己的存在價值。這時，我們不但看到了自己的價值，還獲得了別人的尊重，擁有了更好的人際關係。

18 告別無效社交，減少自我內耗

社交是必需品嗎？

有一次，一位來訪者問我：「胡老師，人一定要有社交活動嗎？今天公司有聚餐，大多數同事都參加了，我也去了。但其實我非常累，只想回家休息，而不是去應酬社交。我也想過拒絕，但這是公司聚餐，不去好像又不合適。所以那個晚上我不得不強打精神參與聊天，飯也沒吃幾口。結束後我回到家就直接攤在沙發上，一動也不想動，實在太累了！」我可以感受到，這位來訪者是真的無助且疲憊，似乎所有的精力都被消耗完了。

人一定要去社交嗎？如果不社交會不會很孤獨？

實際上，只要你身處各種關係當中，就一定會有社會交往或者人際互動。有時這會成為我們生命中難得的滋養時刻，但有時也會消耗我們的時間和精力，讓我們感到非常疲憊，尤其是當你在一段關係中沒有任何收穫，或是必須不斷去討好別人，又或是被別人忽略時，就會越發感到被消耗，委屈感、孤獨感隨之而來。在這些時刻，我們情願一個人待著，也不願去社交。

然而，社交又是人類的基本需求，每個人都需要分享和互動。諾貝爾和平獎得主德蕾莎修女說：「生活中沒有『他人』的存在，比世界上最嚴重的疾病更加讓人無法承受。」社交是我們在自我社會化時的一種能力，也是人類認識自我、理解他人和感知社會的最有效的工具之一。但是，不是每一段社交關係對我們來說都是有益的，只有真正能滋養我們、讓我們感到舒服的關係，才是我們需要的關係。

那麼，什麼樣的社交關係才是好的滋養關係呢？或者說，怎樣定義有效社交呢？

它一定包含以下三點：

第一，有效的社交關係是能夠建立合作的關係。從生物角度來說，人是群居動物，不是獨居動物。沒有社交，個體很難獨自生存，因為社會上的絕大多數事情都需要人與人合作才能完成。尤其在原始社會，想要生存，人們就必須彼此合作、彼此依附。嬰兒剛出生時需要被媽媽照顧，爸爸外出打獵給家庭提供食物，孩子長大後逐漸開始對家族有所貢獻，也開始照顧衰老的上一輩，直至死亡。這個過程就是人類自古以來群居的生存方式，充滿了合作與分工。因此，一個有效的社交關係一定不是一方單方面的付出。

第二，好的社交能夠為我們帶來歸屬感。當一個人與其他人之間沒有任何關係連結時，就失去了歸屬感，同時自己也會產生強烈的虛空感。你會發現，自己身邊沒有家人、沒有朋友，沒有人關心你，更沒有人牽掛你，似乎全世界都把你遺忘了，這種感覺非常糟糕。在《魯濱遜漂流記》中，魯濱遜長期獨自一人生活在一個孤島上，內心空虛而絕望。他用撿來的皮球做成人偶，說話給人偶聽。在這裡，人偶就是一個很好的陪伴客體。

一個長期處於沒有連結狀態的人，更容易出現憂鬱傾向。要解決虛空感，一般有兩種方式：一種方式就是積極地與他人建立連結，來到我這裡的一些年輕來訪者，他們會經常組織和參加各種各樣的群體活動，一起出遊、一起運動，其潛意識就是在尋找一種群體中的存在感。另一種方式是讓自己的內在充實起來，當內在的自我相對豐盈時，比如有自己的信念和追求，有自己熱愛的事情，並能從中獲得很多成就感和滿足感，找到自己存在的意義和價值，虛空感也會減少。

第三，好的社交能幫助我們獲得成長與成就體驗。一些有著共同愛好與目標信念的社交，對於我們來說也是一段深度連結的關係。如果你有一個一起打球的朋友，你們可能會各自苦練技術，然後相約一起比賽切磋，你們之間相互競爭卻又相互合作，你們是親密的戰友也是親近的對手，你們借助彼此完成共同的目標：提升球技，獲得成就體驗。其實不僅僅是運動，這種體驗在其他興趣愛好或學術研討上也很常見，社交中很多觀點的碰撞會讓我們產生看待事物的新鮮角度或是新的靈感。

無效社交的五種類型

有效的社交對我們來說是有益的，與其相對的是無效社交。我在關係心理學中將其總結為五種類型。

◇無連結式社交

大部分關係得以維繫，本質上都遵循價值交換原則，社交更是如此。缺乏深度的價值交換，或只有單方面的價值提供，都難以構成一個良好的社交關係。

舉個例子，你跑到一個聚會上，跟一群陌生人噓寒問暖，全程笑臉相迎，互相敬酒、加Line、留電話號碼……然而兩三天之後，你已經完全記不清誰是誰了，對方在你印象裡沒有留下一點痕跡。同樣的道理，你在對方的心中也很難留下什麼影響。

另一種情況是，你可能認識某個人，甚至對這個人瞭如指掌，但對方完全不認識你。這種情況很像現在的年輕人追星，對明星的情況如數家珍，可你喜歡的明星完全不知道你是誰。這也是一種無連結式社交，或者叫單向連結的社交。

◇面具式社交

在社交活動中，你會發現你在職場中呈現出來的、與同事之間相關聯的自己，與獨處或與更親近的人在一起時的自己，是完全不一樣的，這被我們稱之為「社交面具」。「社交面具」可以幫助我們去打造自己的外在形象，以便在社交中用完美的面貌與別人建立關係。但「面具」戴久了，你就無法跟他人建立深度的、有連結的社交關係。這就像有些人說的，自己明明跟某個人相處很久，認識多年，卻對對方完全不瞭解，或者說別人也完全不瞭解我們。這就是因為我們與對方進行的是一種面具式社交。

面具式社交是我們適應世界的一種方式，每個人在不同的場合也許都需要有自己的社交面具來自我防禦。這種防禦是來自我們無法接納真實的自己，從而認定對方也無法接納，所以我們把理想化的自己投射在自己身上。

自我探索練習

想要瞭解自己的「面具」，我有一個小遊戲可以幫助你完成，你可以根據我的描述來試一試。

想像一下，在傍晚夕陽西下的時候你走進一片森林，忽然在你面前出現了一隻動物，憑你的直覺，你覺得自己遇到的是什麼動物？

接著，你與這隻動物打了個招呼，這隻動物表現得很友好。你繼續向森林裡走，這時，天色已經暗下來，森林裡也越來越黑，忽然你遇到了第二隻動物。憑直覺判斷，這隻動物會是什麼呢？

隨後，你繼續向森林深處走，此時天已經完全漆黑了，森林裡更是漆黑一片，而你在森林深處遇到了第三隻動物。同樣憑直覺判斷，這隻動物會是什麼？

當你想好了這三隻動物，接下來我告訴你答案：

你遇到的第一隻動物，代表的是你想要呈現給別人自己的樣子；第二隻動物，代表的是別人認為你想要傳遞的樣子；第三隻動物，則代表的是你自己認為自己是什麼樣子的，或者說，你在潛意識中與哪種動物的特質相似。

有人可能認為，戴著面具社交不真誠，但是社交面具的目的是讓我們更好地適應自己的角色，例如社會角色、家庭角色等。當然，如果我們始終戴著面具去建立任何社交關係，那麼肯定難以與別人建立深度連結，自然也會不可避免地陷入孤獨之中。

◇自戀式社交

自戀式社交也稱為自體自戀的社交方式，它通常是為了吸引他人的注意力，以此來滿足自己的內心需要。

有些小孩子喜歡在課堂上搞一些小動作，如忽然把一個東西扔到地上，發出聲響，或者故意做一些奇怪的動作，吸引同學們的注意力。在這樣做時，其他人都成了他的觀眾，或者說都是「他」的一部分，他們都來關注「他」，進入「他」的劇情裡，所以他們也是「他」完成自戀的一個工具。

以這種方式與他人建立社交關係，往往需要他人來配合我們的互動，如果對方不配合，我們就會感覺很受傷、很憤怒，甚至很委屈。但顯然，這樣的社交並不是一種正常、平等的社交關系，也不屬於有效社交。

◇被動等待式社交

這是一種被動且矛盾的社交方式，簡而言之需要滿足兩個條件：一是我們想社交；二是我們不主動，而是等著別人主動，類似於「姜太公釣魚——願者上鉤」。

一些年輕人在剛剛進入一個陌生環境時，不知道該怎麼跟周圍人建立關係，覺得別人不願意跟自己交朋友，自己也不想打擾別人。每天形單影隻，但他的內心又很渴望別人主動來跟自己打招呼、交朋友。

實際上，如果你不能主動走過去，或者不能向對方發出一些真實、明顯的社交信號，那麼你是很難與別人建立關係的，別人也會認為是你先不喜歡他們，不願意與他們交往。

◇無合作式社交

我們建立社交關係不是為了「利用」別人，但如果你身邊的朋友平時只能和你一起喝喝酒、吹吹牛，一旦你遇到需要幫忙的事，就立刻跑得不見人影，那麼這種社交關係就是一種無合作式社交。因為它對於我們的生活沒有太多益處，於我們自身的能力、成就等也毫無提升，也許只能幫助我們暫時逃避空虛，而狂歡之後，又是更加無窮無盡的空虛。

社交迴避是一種主動選擇

有些朋友跟我說：「我感覺自己有社交障礙，不願意社交。其實我很想突破自己，卻無能為力，所以只能自己享受孤獨了！」

生活中確實有很多這樣的人，面對社交時，他們往往是能躲就躲，能不說話就保持沉默，甚至還會給自己找個合理的理由——享受孤獨。

這種社交迴避到底是想要享受孤獨，還是因為覺得與人交往太累，想要逃避？這一點我們要弄清楚。

人都有趨利避害的本性，如果說享受孤獨是一種趨利行為，那麼它同時也存在一些避害因素，也就是迴避了那些對我們造成損耗、有壞處的人際交往。當然，這裡說的「壞處」並不是說我們與他人交往會遭受傷害，而是說我們需要付出很多精力去維繫關係，這對我們來說很累、很煩惱；或者一個人對我們有很多需求，我們滿足不了對方，會感覺愧疚、過意不去；又或者我們與對方建立社交關係後，未來有些東西可能會影響到我們自身的利益……等等。為了避免社交對我們造成損耗，我們就會選擇社交迴避。

社交迴避主要有兩種表現形式：一種是因為自己的社會功能相對較弱，或者我們曾在某些社交關係中受過挫折和傷害，這時就會表現出迴避；另一種是我們覺得社交會消耗掉太多的精力，讓我們感覺疲累，也會選擇迴避。拿我自己來說，我年輕時也會和很多朋友經常在一起聚餐、喝酒，年少輕狂，需要很多刺激才能讓自己不那麼無聊空虛。後來我漸漸發現，這些活動太消耗我的時間和精力了，而且除了暫時排解空虛，其他並無益處。

隨著對自己的瞭解，我發現這些社交唯一滿足我的部分是對自卑情結的補償，我在通過一些無意義的競爭方式，來獲得優越感。覺察到這一點，我的生活開始有了很大的變化，我開始迴避這樣的社交，同時把自己的時間和精力轉而投注在一些對我更有意義的事情上，比如工作，比如獨處。

所以，是否選擇迴避社會交往，關鍵在於你的主動選擇，而不是不得已而為之。人生本就充滿了選擇，社交迴避也只是選擇中的一種而已。

Part 5

真正的自我接納

19 如何從自我挑剔轉向自我接納

你的自我接納程度

我們常說要接納自己的不完美，不論自己高矮胖瘦、聰明愚鈍，都要坦然接納。但是，我們是否真的能做到這一點呢？會不會有一些時候，我們也會討厭現在的自己呢？

自我探索練習

在美國電子雜誌《思維目錄》（*Thought Catalog*）中，有一篇文章恰好闡明了幾種我們討厭自己的跡象。你可以對照這幾種跡象，測試一下你對自己的接納程度。

1. 你是否總是沉迷於社交媒體？

當你討厭自己、自我接納程度較低時，你就會總想得到別人的認可。這時，你會忍不住經常檢查自己的社交媒體帳號，看看自己在裡面發表的文字或故事有多少人點讚或關注。而實際上，如果你在現實生活中足夠接納自己、喜歡自己，你就不需要在意別人是否喜歡你。

2.
你是否難以接受別人對你的讚美？

自我接納程度低的人，很難相信自己完全值得稱讚。無論被多少人稱讚，你都不會相信他們，甚至會懷疑他們別有用心。這種過度的自我批評很容易扼殺你的自尊心，讓你活在自我貶低當中。

3.
你是否總喜歡戴著「面具」，不敢向他人展示自己真實的一面？

當一個人不喜歡做自己時，就會非常努力地想要成為他人的樣子，以至於在別人面前時總會戴上「面具」，隱藏真實的自己，以期給別人留下更好的印象。其實當你足夠愛自己、接納自己時，你完全不需要在意他人的印象。你只需要做自己喜歡的事，取悅自己，就會被那些真正接納你的人所包圍。

4.
你是否很在意他人的否定或批評？

你很在意別人對你的看法，卻不相信別人對你的讚美，反而對別人的否定或批評看得太認真。對你來說，他人的看法很重要，因為你要通過他們的看法來看待自己的成敗。其實，他人的否定或批評對我們並沒有那麼重要，我們也完全沒必要被他人的觀點所控制，因為這是我們的生活，而非他們的。

5. 你是否總喜歡把自己和別人進行比較？

你很少會對自己擁有的東西感到知足，經常認為自己生活得不如別人。這不但會讓你自怨自艾，甚至會產生強烈的嫉妒心，而這種破壞性的習慣又會讓你更加討厭自己。

6. 你是否不敢進入一段深度的親密關係中？

對你來說，墜入愛河是一件可怕的事，因為你很難在別人面前展示出自己脆弱的一面，你也不希望他們意識到你並不完美，你甚至不能完全接納真實的自己。這樣的你，一直都在專注於自己的缺點而不是優點，所以也不願意相信別人會愛上你。

7. 你是否經常自我憐憫或自我同情？

當一個人討厭自己、無法接納自己時，自我憐憫或自我同情就會成為一種習慣。你總是會讓自己陷入悲傷之中，對自己的生活有很多抱怨，認為生活毫無色彩，甚至喜歡到處張貼悲傷的語錄，讓別人知道你有多悲傷。但你忘了，你才是唯一能讓自己快樂的人，其他人根本無法拯救你，因為每個人都在忙著拯救自己。

8. 你是否害怕擁有遠大的夢想？

你經常看不起自己，也不相信自己會成功，所以從來不敢有遠大的夢想，更害怕超越自己當前的舒適區。當然，這還源於你討厭被拒絕和失敗，因為這會加重你的自卑，讓你覺得自己一文不值。為此，你寧願躲在自己的安全殼裡，也不願去接觸那些機會。

9. 你是否總喜歡自我責備？

一旦犯了錯或出了什麼問題，你就會不斷自我責備，很難原諒自己，也看不到自己為此做出的努力，反倒覺得自己的努力永遠不足以讓別人接受你。這是因為你太在乎別人的認可，喜歡把各種重擔都放在自己的肩上。

10. 你是否總對周圍的環境充滿抱怨？

當你無法接納自己身邊的一切時，就會討厭自己生活的世界，這時，你的消極情緒就會蔓延，對周圍的一切都感到不滿。實際上，你這是在試圖逃離自己，而不是自己周圍的環境。當你足夠愛自己、接納自己的時候，無論這個世界多殘酷，你都永遠不會有想要逃離現實的感覺，因為吾心安處即是家。

以上雖然不算是一個標準的心理測試，但如果你的答案偏「是」的居多，那麼你可能需要在自我接納程度上多一些覺察。而接下來的內容，將會讓你對自己有更深刻的理解。

幾種常見的自我挑剔

「愛自己有多難，攻擊自己就有多簡單。」

對有些人來說，愛自己有著非常苛刻的條件，比如：「我必須做好每件事」、「我必須成為完美的人」、「我必須得到所有人的喜歡」……這些條件的背後往往是深深的自我譴責與自我挑剔，因為這些「必須」都是對自己不合理且過度的期待。當自己不能成為這些期待中的自己時，就會感覺非常糟糕，為此還會尋找各種理由來攻擊自己。

當一個人始終處於自我攻擊的狀態中時，很多努力都會變成徒勞。因為即使在努力的過程中，你也在不停地挑剔自己，認為自己的努力就是在做無用功，所做的一切都達不到你心中的標準，所以你更加無法接納真實的自己。

生活中有很多人都會對身邊的人或自己比較挑剔，我們常把這類人稱為「完美主義者」。但他們大多數時候對自己的評價並不高，在人際交往中也缺乏自信。這不但會影響人際關係的建立，還可能會給他人和自己造成傷害。

自我挑剔主要有以下幾種常見的表現。

◇過度追求完美

過度追求完美的自我挑剔有一個特別形象的描述，就是「雞蛋裡挑骨頭」。他們總是用一種非常挑剔的眼光看待自己，事事追求完美，甚至有些強迫傾向。一個典型的表現就是：「只有我做到如何如何，才完美。」

我曾見過一個被診斷強迫症的患者，他每天要花十一個小時洗澡。詢問後我知道，原來他在每次洗澡之前，都要把他洗澡的過程在腦海裡演繹一遍：脫睡衣要從哪顆紐扣開始；從臥室走到浴室，先邁哪隻腳；到了浴室後，檢查每一件用品都在哪些地方；洗髮精要按幾下；先從哪個身體部位開始洗；先用香皂還是先用沐浴露……等等。

光聽到這些，就已經令人頭大了，然而這還不算完：等他這樣在腦海裡演繹一遍後，他開始實施剛剛的洗澡計畫，在實施階段，但凡有一點點和他的演繹不一樣，他都要重新從最開始的起點來過。比如演繹時是先刷牙，但是實際操作中先拿起了香皂，那麼他會回到原點重來一遍；比如過程中有人敲門，打斷了他這個洗澡，那麼他會回到原點再來一遍……就是這樣一遍一遍，直到最終的實施和腦海演繹的情景與順序一模一樣，他才算是洗完澡。

我問他：「如果你不這麼做會怎麼樣？」

他說：「如果實際操作和腦海裡演繹的不一樣，就不完美了，我會很不舒服，反復想著這件事，什麼都做不了，一定要完全一樣才可以。」

這個案例是過度追求完美的極端案例。如果有這種程度的強迫，建議要去醫院就診。當然還有些生活中常見的情況，比如有些人覺得今天的工作如果沒能做完，今天就不完美了，所以即使很累，也要把今天的事情完成才能睡覺。再比如有些人做事十分細緻嚴謹，一份檔要檢查五六遍才能放心上交。

的確有很多工作崗位需要這份細緻嚴謹，好比會計需要將每一筆帳目、每一個數字都核對仔細，不能出任何差錯。在這種情況下，適當的挑剔有助於我們精進工作。然而，每個人的內心中都有追求快樂、追求放鬆的需要，如果我們不分場合事件地去追求完美，不懂得如何自我安撫，那麼我們的體驗將會是單一的、重複的，甚至還有可能是痛苦的。給自己定一個恰當的目標，有助於我們把事情做得更好。

臨床醫學上關於強迫症的診斷有一個很重要的標準，就是當事人是否感到痛苦。如果我們平時是一個追求完美的人，那麼可以去體會一下，這個行為對我們來說是愉悅還是痛苦。如果是痛苦的，那麼我們是否有意願給自己鬆綁，向自己或者向他人尋求一些幫助，來緩解一些痛苦呢？

追求完美是一種挑剔。這種挑剔有可能給我們帶來良好的或者糟糕的體驗，只是要看我們正經歷著什麼，以及出於哪種場景的需要。

◇經常讓自己處於劣勢視角

不知道你是否聽過這樣一個故事：一張桌子上放著一個玻璃杯，杯子中有水。一個人走過來看到這杯水，說：「這個杯子中裝了半杯水。」另一人走過來卻說：「這個杯子少裝了半杯水。」

雖然我們把自己看成一個整體，但有時候我們會盯著其中的一部分不放，尤其是盯著劣勢的一方面不放，這就是一種挑剔。就像孩子拿著九十九分的考卷回家，有的家長看到了會說：「哇，你考了九十九分，真棒！你一定付出了很多努力吧！」而另一些家長則會說：「為什麼沒考到一百分呢？那一分是在哪個題目上丟的？是不是因為你不認真？」

我曾經給一個醫美機構的會員做過一次演講，他們中有不少人都做過整形手術。在和他們的互動中，我發現有些人儘管已經做了好幾次手術，卻仍然對自己的外表不滿意，哪怕身體已經無法承受了，也依然不放棄。其中很多人都對自己臉上、身上的各種小細節百般苛刻，為了處理這些小細節，他們寧願讓整個身體承受手術的痛苦。

這是一種對自己身體的深深的自我挑剔——針對自己表現出來的每一個細節都感到不滿意，這種不滿意是一種劣勢視角。喜歡用劣勢視角看待事物的人，不但會挑剔自己，還會挑剔別人。

有一次，我跟一群人在一個沙龍中探討問題，其中有個女生就談到，她不但無法忍受自己身上的瑕疵，也無法忍受男友身上的瑕疵，甚至看到男友臉上有個痘痘或黑頭粉刺都不行，她必須要給他擠掉。後來發展成每天晚上睡覺前，她都要拿著放大鏡在男友臉上仔細檢查，不放過一點瑕疵。一開始男友還能接受，後來就忍無可忍了，兩人為此經常吵架。

就如那個古老的諺語，一個硬幣有其正反兩面，如果只看到劣勢的部分，毫無疑問，這就是一種挑剔。

◇習慣性自責

有些人一旦事情做不好，便會習慣性地問責於自己，這時如果受到一些懲罰，他們內心反而會好受很多；反之，內心就會飽受煎熬。從這個角度來說，自責也是一種自我懲罰。而經過一番自責和自我懲罰之後，他們的內心就會獲得一定的平衡和平靜。我們把這種狀態稱為自戀受損的補償。

舉個例子，在很多親子關係中有這樣一種情形。媽媽因為憤怒打了孩子一頓，打完後感覺很後悔，便抱著孩子哭，開始自責：「唉，我怎麼這麼狠心呢？他還那麼小！我真是該死！」有的媽媽甚至還要打自己兩下，作為對自己的懲罰。因為她意識到打孩子這件事是不被允許的，是對孩子的一種傷害，孩子為此感到痛苦，而這種痛苦就是媽媽造成的。所以，媽媽認為，這個做壞事的人正是自己。當媽媽無法承受自己是做壞事的人時，她就會通過自責的方式把自己再變成一個好媽媽，補償自己自戀的損傷，讓內心好受一些。

這裡的自責就是一種自我挑剔——由於無法承受這種挑剔，所以才有了後續對自己的懲罰，以此來緩解自責。

再延伸一點，自責有時就是為了推卸責任。在一段關係中，最喜歡自責的人恰恰可能是最喜歡推卸責任的那個人，也是最不負責的那個人。經過自戀損傷補償，他們會獲得一定的心理平衡，但是這並不代表下次他們就不會再犯同樣的錯誤。精神分析中有句話是說：「打完孩子就立刻後悔的父母，是為了下次還有打的機會。」

◇沉溺於自憐狀態

自憐，顧名思義，就是自我可憐的意思，也就是總盯著自己可憐的一部分，感覺自己受傷了，是弱者。我的很多來訪者都帶著這樣的心態。如果你安慰他「你這不算可憐，那些斷手斷腳的人不是比你更可憐」是完全沒有效果的，因為對方根本無法在自憐狀態下與你說的那些人或事建立有效連結。他們始終都處於自己的世界中，不能與其他任何人形成同理和共情。

還有的人很自卑，這也是自憐的一種表現。他們首先會挑剔自己，覺得自己不夠優秀，身邊的人都比自己好，自己為人處世很糟糕。完成這些挑剔之後，自憐就發生了：「我怎麼這麼沒用」、「我怎麼這麼沒出息」、「我怎麼這麼糟糕」……即使你告訴他，他已經足夠優秀了，他也不會相信，因為他同樣很難與外界建立連結，他對外界的聲音是無感的，就像被遮住了眼睛、捂住了耳朵，處於一團黑暗之中。不用眼睛去看，也不用耳朵去聽，更不用身體去感受，自然就會完全陷入自己的狀態中出不來。

如果一個人沉溺於自憐狀態中，就會感覺自己非常孤獨，無法與他人建立有效連結，外界資訊也無法進入他的大腦和內心。

為什麼會自我挑剔？

自我挑剔的人很多，有些人喜歡把自我挑剔、完美主義當成是一種優點或缺點，但我更喜歡中立一點，我把它稱之為一個人的特質。

那麼，這種特質是如何形成的呢？人又為什麼會自我挑剔呢？

我認為源於以下幾種原因。

◇追求理想化的自己

想像一下，當我們對別人說「我是一個追求完美的人」時，內心的感覺是怎樣的？通常我的內心都是有些沾沾自喜，甚至有一定的優越感。因為在很多人的認知裡，普通人是不會追求完美的，追求完美的人一定對自己有更高的要求和期待，是超越常人的存在。

所以你看，在很多時候，人對自己挑剔、追求完美，其實是在追求一個理想化的自己或是理想化的世界，並因此得到一些優越體驗。

◇依戀關係決定人生底色

我的一位朋友因為懷疑妻子是否愛自己而備受困擾，並且跟我分享了他小時候和媽媽的一段心路歷程。他說，他以前經常會產生一種媽媽不理他、對他不好的念頭。比如他想拉媽媽的手而被媽媽甩開了，這時他就會感覺到一種被拋下的痛苦，並且很長時間走不出來，覺得自己就是個不被媽媽喜歡的孩子。

而真實情況是，他的媽媽在老家上班，每次來看他都要提前加很多天的班，存夠補休的日子，才從大老遠的老家跑過來看他。如果一個媽媽不愛自己的孩子，怎麼能做到這些呢？

當他轉換一個角度再思考這個問題時，他就產生了一種錯亂感：基於過往的感受，他篤定地認為媽媽不夠愛自己，但分析媽媽的行為後又覺得媽媽是在乎、關心自己的。那麼，媽媽到底愛不愛這個孩子？孩子認為媽媽不愛他到底對不對？

從朋友的這個案例中，我們發現，他其實陷入了與媽媽親密關係的懷疑狀態。導致這種狀態的原因，就是他對媽媽沒有經常陪在他身邊、與他形成互動的一種不滿的感受。後來我瞭解到，他的媽媽也曾有過和他類似的經歷，在她很小的時候，母親就離世了，所以她也沒有得到過太多母愛。而當她當了媽媽後，也不知道該如何對待自己的孩子，只能用這樣一種方式，就是不管多遠多難都抽時間去看望孩子，來表達自己的愛。

在前文講述關係模式的內容時，我們說過，在客體關係配對過程中，存在一種孩子與父母之間的關係模式。比如有些父母本身很挑剔，那麼與這種挑剔的父母配對的孩子就會很懦弱、很自卑。他們不敢與父母爭辯，不敢與旁人爭論，也不敢去維護自己的利益，受人欺負或被傷害時也沒辦法保護自己。之所以如此，是因為他們內心充滿恐懼，並且把這種恐懼投射到了身邊的人和事物身上，對周圍的一切都是戰戰兢兢、如履薄冰。

這一切的表現，都與一個人外在世界的起始部分有關。在大多數情況下，這個起始部分就是與媽媽的關係，或者是與最重要的撫養者的關係。媽媽或直接撫養者為孩子營造了什麼樣的環境、什麼樣的世界，這個孩子認為的世界就是什麼樣的。

法國精神分析學家拉岡（Jacques Lacan）認為，孩子使用鏡子是自我發展的一個關鍵點。而精神分析學家溫尼科特進一步延伸，把媽媽的臉比擬為一面鏡子，認為孩子看到的媽媽的面部反應，會成為孩子塑造自我認知的關鍵。如果媽媽在陪伴孩子時有任何抗拒、排斥或者不開心，孩子都會覺得自己不好，然後忽略自己而去服從媽媽的反應。

孩子與媽媽或直接養育者的這種依戀關係，就決定了他的人生底色，而這種底色又決定了他長大後會戴著哪種濾鏡去看待這個世界。如果這種依戀關係是痛苦的，那麼這種痛苦就會成為他與外界建立各種關係的底色。儘管如此，他仍然會依照這種感受去尋找客體，再次感受外界給他帶來的痛苦，心理學稱其為：強迫性重複。

◇「阿爾法功能」和「貝塔元素」

阿爾法（α）和貝塔（β）是精神分析學大師比昂（Wilfred Ruprecht Bion）在客體關係理論中所使用的符號。首先瞭解一下這兩個概念：阿爾法元素和貝塔元素。

比昂認為，人的情感分為兩種，能夠承受的情感就是阿爾法，承受不了的情感就是貝塔。把貝塔元素變成阿爾法元素的功能，就是阿爾法功能。簡單來說，阿爾法功能就是幫助一個人轉化情感的功能，尤其是將負面情感轉化為正面情感的功能。

依據比昂的理論，在媽媽與孩子之間，媽媽就是擁有阿爾法功能的人。當孩子剛出生時，對這個世界毫無認知，對周圍陌生的環境也充滿了疑惑和恐懼，這就是孩子產生的貝塔元素。在孩子無法承受時，就會把這種感覺回饋給媽媽。如果媽媽能夠安撫孩子的情緒，消除孩子的恐懼，那麼媽媽就具有一定的阿爾法功能。

比如孩子在幼稚園被其他小朋友欺負了，孩子回來後告訴了媽媽，並表示自己很難過，不想上幼稚園了。有些媽媽聽後就會非常焦慮：「你怎麼能不上學呢？」、「他欺負你，你就要打回去呀！」、「你難過也沒用，媽媽也沒辦法呀！」……面對媽媽這樣的反應，你的感覺如何？你認為媽媽有沒有幫助孩子很好地處理了問題呢？孩子聽了以後，會是什麼感受？原本不好的感受還在嗎？

我們再來看，如果媽媽這麼說：「他打你讓你很難過，對嗎？來讓媽媽抱抱！」、「媽媽理解，你明明沒有做錯，但他還欺負你，你很委屈，對嗎？」孩子聽後會是什麼感受呢？和剛剛媽媽的表述相比，感受有不一樣嗎？

第二種表達，對於孩子來說，更多的是一種**被看見的感覺**。我們常說安撫，其實並不是說直接幫孩子去處理問題，而是看見孩子的感受和情緒，接住並轉化它們，再回饋給孩子。這就是阿爾法功能。

心理諮詢師張沛超老師有一個很有意思的比喻，孩子丟給母親一個燙手的山芋，母親先心疼被山芋燙到的孩子，再把燙山芋吹涼，交回給孩子手上。這樣一來，孩子不但得到了一個溫度適中、可以食用的山芋，而且還能學習到下次如果遇到燙山芋該怎麼處理。這裡的燙山芋就是貝塔元素，母親的一系列操作就是阿爾法功能。

一個擁有阿爾法功能的母親，能夠培養一個擁有阿爾法功能的孩子。這個孩子在成為父母以後，同樣可以賦予自己的孩子阿爾法功能。相反，如果父母不具備阿爾法功能，或者功能相對較弱，他們的孩子也同樣無法很好地發揮阿爾法功能。如此一來，從某種程度上來講，阿爾法功能也可以說是一個家庭的「傳家寶」，是父母給予孩子的美好禮物。

◇認同攻擊者

前文提到，當我們有了一個客體後，這個客體會在我們內心塑造一個客體意象，我們對這個客體意象會深深認同。所以，我們幼年時被對待的方式會成為我們對待自己和對待外界的方式，而且這種對待還會成為我們生命中最重要的客體意象。這個客體意象一旦在我們內心形成，就會呈現比較穩定的狀態，影響我們一生。

當然，也有一些不穩定的客體意象，比如分裂的、喜怒無常的，這主要源於父母在我們幼年時給予我們的體驗是什麼樣的。同樣，一旦這個分裂的客體意象在我們內心形成，我們就會覺得世界上所有人都有分裂的客體意象。

比如媽媽經常挑剔自己的孩子，認為孩子樣樣不如意，長此以往，一直生活在批判中的孩子就會變得懦弱、不自信。即使孩子長大後，這種客體意象也會深深烙印在他的內心。當有一天孩子成為父母，他雖然不認同媽媽曾經對待自己的方式，卻也會在不知不覺間重複媽媽曾經的教育方式，並將這種方式用在自己孩子身上。也就是說，他們會在無意識中傷害更加弱小的對象，用同樣的途徑發洩自己當年的不滿，讓自己從長久的壓抑的憤怒中釋放出來。這種防禦機制在心理學上被稱為認同攻擊者，也叫主客體關係的轉化。

所以，很多經常自責的人，也喜歡責怪他人；很多自我挑剔的人，也對別人有諸多挑剔。但更多時候，責怪和挑剔都是一種攻擊，是對攻擊者的認同：我不想被別人責怪、不想被別人挑剔，那我就去責怪別人、挑剔別人。

如何做到自我接納與自我關愛

什麼是自我接納與自我關愛？

簡單來說，自我接納就是成為自己的容器，而自我關愛則是讓自己具備阿爾法功能，學會去覺察自己、改變自己，處理自己的感受和情緒。

但是，有些人沒有這種功能，該怎麼辦呢？

也很簡單，如果你的關係中的另一半能夠包容你、接納你、關愛你，那麼你很幸運，你的另一半正在療癒你。如果你的生命中沒有這樣一個對象，那麼你也可以去尋找一些外在資源，比如找專業人士（心理醫生、心理諮詢師等）來幫助你、支持你。可能很多人會問，自己看書聽課有用嗎？我的答案是，可能有用。原因是書是單向連結，遠不如與一個現實中的人建立雙向連結回饋得多。

◇覺察並避免自我挑剔

在日常生活中，我們需要覺察自己是否在無意識地挑剔他人。很多時候，我們之所以對他人挑剔，是因為我們把內在的缺失投射了出去。所以，停止挑剔他人同樣有益於自我接納。

舉個例子，一些家長在看到清潔工時，會用一種傷害孩子同時也傷害清潔工的方式來跟孩子表達，如「你不好好念書，以後就跟他們一樣，只能收垃圾」。你可能不知道，這短短的一句話就傷害了三個人。

首先，你傷害了自己，它表明你的個人素質不怎麼樣，只能通過貶低別人的方式來實現自身的優越感，缺乏教育孩子的能力。

其次，你傷害了孩子，否認了他的努力，將他原本充滿無限可能的未來粗暴地劃分為「好」與「不好」。孩子現在可能並不懂得什麼樣才算努力，以及要努力多久才不會被媽媽挑剔。所以，這句話在孩子聽來，就是媽媽認為他是個很糟糕的人，媽媽不能接納他現在的樣子。這樣不被接納的孩子，也容易變得懦弱、自卑。

最後，你傷害了清潔工，職業是沒有高低貴賤的，你卻以一個高高在上的角度和姿態去貶低他們的職業，鄙視他們是不好的人。

挑剔的背後一定是不接納。如果我們真正地接納自己、接納他人、接納這個世界，我們的評判之心也會少很多。

◇接納從自我負責開始

我們身邊有一類特別喜歡擺爛的人，看到一些事情無法向好的方向發展，於是就乾脆不再採取措施加以控制，任由事情向壞的方向繼續發展下去。簡單來說，就是「破罐子破摔」。

為什麼這些人喜歡擺爛？

其實，擺爛恰恰是一種應對挑剔的策略。因為不想被他人挑剔，所以乾脆自我放逐。他們就好像是游離在舞台劇外的觀眾，任憑台上演繹得如何曲折離奇，他們都無動於衷，沉默地等待著結束。

有的人會把擺爛行為理解為一種自我接納，但我要告訴你，這不是接納，而是自欺欺人，你只是在塑造一個看起來毫不在意的形象而已。還有些自我挑剔的人，在面對人際關係時，總認為自己必須做到一定程度才能贏得別人的接納，否則別人就不會接納自己。在這種念頭的影響下，他們會回絕很多人際關係，甚至把周圍的所有人都看作挑剔的人。

實際上，真正內心強大、能夠自我負責的人並不會輕易為外界所控制。即使被他人評價或責怪，他們也不會輕易受他人的信息影響。而且強大也不意味著無堅不摧、完美無缺——強大不是「我一定可以」，而是「哪怕我不可以，也沒關係」。

20 如何建立一段健康的關係

自我接納是建立關係的開始

在剛開始接觸心理學時，我並不是很理解為什麼建立關係之前要先自我接納，後來明白了：如果我們無法很好地接納自己，不能接受自己的缺點、失誤，或者是曾經走過的錯誤的路，甚至是有意無意地做過的一些傷害他人的事情，那麼，我們就無法與別人真正建立起彼此信任的關係。

如果我們覺得自己不夠好、不討人喜歡、不值得別人善待，那麼即使別人真的在善待我們，我們也不願意相信，因為我們無法真正地接受自己內在的衝突。更重要的是，如果一直帶著這種衝突生活，我們就會寄望於外界的所有一切都是完美的、值得信任的，以此減輕自己的危機感。但在這個過程中，我們感到自己是不完美、不值得信任的，由此我們又會對自己充滿挑剔。

所以，在任何關係中，自我接納都很重要。

從接納自己到接納他人

◇接受分離與失落

在入行心理學不久後，我曾開設了一個心理熱線電話，給一些心理困惑的朋友做危機干預。在這期間，有個人打電話給我，問了我一個問題。當時我還很缺乏經驗，那個問題讓我有點束手無策。他問道：「我以前身體好好的，後來遭遇了一場事故，失去了一條腿，從此我整個人就變得特別糟糕。要想讓我真正好起來，除非讓我再長出一條腿。你說你是心理醫生，那我想知道，跟你聊天能長出一條腿嗎？」我只能說：「不能。」他又問：「那我跟你聊天的意義是什麼呢？你能給我帶來什麼價值？」

這個問題放在今天，很多人可能仍然無法回答。臨床醫學上有個概念，叫作幻肢，意思是說，那些在意外中喪失某個肢體器官的人，有時會在心裡產生一種幻覺，認為自己失去的肢體仍然長在身上。這種情況很常見，比如一些被截肢的患者經常因為截肢後末梢神經未能得到較好修復而產生幻肢感，甚至還會出現幻肢痛。從心理學角度解釋，其實是因為患者心理上無法接受自己被截肢的事實，無法很好地接納現在的自己。上面案例中那位給我打電話的聽眾朋友，我認為就是這種狀況。直到今天，我依然非常遺憾於當時的我因為資歷尚淺，沒能為他做出滿意的解答。

有人說，人生就是一場殉葬，我們可能曾經一度沒有被很好地對待，但我們可以帶著這些失落去勇敢地生活。學會理解，學會原諒，學會接納人生中的種種失落。這些話雖然聽起來很「雞湯」，但當你真的這樣做時，你會感到由內而外的輕鬆與釋然，你放下了那些曾經失去的，也放過了被困在過去的自己。從這個角度來說，自我接納也意味著我們要真正地接受人生中的種種失落。

也有人說：「我就是接受不了失落，那怎麼辦？」這裡我們可能要先延伸出另外一個詞：分離。因為有分離，所以失落不可避免。

人類是從什麼時候開始學習分離的？答案是一出生。從和媽媽的子宮分離開始，嬰兒就開始了第一次分離。第二次分離是發現「我是我，媽媽是媽媽，媽媽有時在我身邊，有時不在我身邊」。這個階段嬰兒學習分離，需要一個過渡性客體。過渡性客體是溫尼科特提出的一個心理學名詞。在童年時期，有些物品會成為我們的過渡性客體，在我們與母體分離後感到孤獨、焦慮時，它們就會成為我們新的寄託，幫助我們學會與外界建立聯系。這也意味著，這些物品往往具備了母親的一些特質：溫柔、親昵、有熟悉的味道。

曾經就有一位媽媽頗為無奈地跟我說，她兒子有一條毛毯，從小一直蓋著。她感覺那條毛毯已經又髒又破了，就給孩子換了一條新毛毯。沒想到，孩子竟然因為這條毛毯而陷入抑鬱狀態，因為他接受不了媽媽把舊毛毯換掉的事實，他就想要回自己原來的那條破舊的毛毯。

一般來說，當我們還無法接受分離和失落的時候，就會尋找一些過渡性客體來替代。一些人會抱怨原生家庭的不幸，於是就努力尋找自己與原生家庭間的連結，以此作為過渡，實現與原生家庭的分離。但如果你一直停留在這個層面，那就無法與原生家庭徹底分離，內心也無法接受原生家庭給自己造成的遺憾和傷害，就像有的人無法接受自己做錯事一樣。

需要注意的是，如果我們不接受分離和失落，就很難有能力面對真實的世界，也永遠無法獲得成長。

◇接受與尊重「自我邊界」

我們之所以能成為一個獨立完整的人，是因為我們有自己的邊界。人類最初感覺到邊界是在與媽媽的皮膚接觸中。新生兒通過被媽媽抱著、被媽媽撫摸，從而感覺到自己是有身體邊界的，他會在這個過程中意識到：原來我的小胳膊在這裡，我的小腿兒在這裡，我的小屁股在這裡……再一次感覺到邊界則是在內心感受上。「這是我的，那是你的」，這是最基本的邊界的概念。為了維護我們自己的邊界，我們會在自己周圍做一些分隔，把自己與別人分隔開來。

這裡的分隔不是說一股腦地在自己和別人中間建一堵厚厚的牆，而是有彈性地分隔。就拿父母與孩子來說，孩子小的時候會經常向父母提出需求或發出邀請，希望父母能及時回應他們。但隨著孩子逐漸長大、能力變強，父母發現有些事情孩子已經不再急切地需要他們來解決了；或者即使需要父母，而父母不能及時回應時，孩子也能接受和理解。這就是一種靈活、有彈性的邊界。

有了邊界的存在，我們才能稱為一個獨立的個體，因為你承認了自己的完整和獨立性，所以也就承認了別人的完整和獨立性。擁有完整的自我，維護好彼此的邊界，既是對自己的一種尊重，也是對別人的一種尊重。

尊重並不是一味地討好、順從、仰視、跪拜，更不是完全按照別人的意願行事，而是把自己和對方都看成是一個完整的人來對待。當我們能夠自我接納，知道自己是一個完整的個體，並且能夠給予他人真正的尊重時，我們所謂的自尊也就成了自我接納的部分。同樣，當我們有能力尊重自己的時候，也就有了尊重別人的能力。

◇接納自己的責任，承認他人的貢獻

在生活中，有些人習慣於扮演拯救者的角色，有些人則恰好相反，習慣於扮演被拯救者的角色。對於拯救者來說，他永遠不會肯定被拯救者的價值，他認為對方什麼都不行，只能靠自己拯救。所以，在拯救者看來，自己與被拯救者的關係永遠是不對等的，並且自己一直被其拖累。就像前段時間有個人跟我說，他覺得自己的伴侶特別消耗自己，但他又無法離開這段關係。我問他為什麼離不開，他說：「我要是離開她了，她該怎麼辦呀？她自己過不了的！」

如果我們深入思考一下，就會發現：真的是被拯救者離不開拯救者嗎？真的是伴侶離不開他嗎？

並不見得。當一個人自詡為拯救者時，我認為他應該先問自己一個問題：我為什麼離不開這段消耗我的關係？事實上，在他擔任拯救者的角色時，也一定要有一個人願意被他拯救才行，否則拯救者就體現不出自己的價值。所以，表面看是被拯救者在消耗拯救者，其實是拯救者更需要這段關係來肯定自己的價值。他只有在拯救別人時，才會感受到自己是被需要的，這個價值感才是拯救者無法離開這段關係的關鍵原因。

無論是被拯救者還是拯救者，如果不想一直被這種關係束縛，最好的辦法就是先自我拯救，做好自己該做的事，承擔起自己的責任。其次，拯救者還要感謝那些曾經被你拯救的人，因為他們所貢獻出來的「沒有價值」感，才成就了你的價值。如果你能理解這一點，你與他人的關係才會變得平等。

同時，我們也要看到他人同樣是一個獨立的個體，有自己存在的價值，我們要去尊重對方的價值。這樣一來，在建立關係時，我們才能看到雙方在這段關係中的共同貢獻。當然，有些關係中的貢獻並不一定都是直接利己的，它最開始可能會讓你產生挫敗感、沮喪感、羞恥感，但這同樣也有可能成為一種貢獻，因為如果我們有能力轉化處理它們，它們將幫助我們成長。

21 你如何愛自己，別人就如何愛你

愛自己的迷思

有很多人問我「到底什麼是愛自己」、「為什麼愛自己這麼難」。其實，我們可能陷入了「愛自己」的迷思。

◇愛自己等於自私嗎？

很多孩子小的時候因為成績不好，覺得自己令父母失望了，為了獲得父母的關注，他們只能通過調皮搗蛋來吸引父母的注意。由於童年時期很少獲得父母的愛與肯定，他們成年之後很難擁有自信，更多的時候會以取悅的姿態去討好他人，不敢拒絕他人。很多人不會因為缺愛而變得更愛自己，反而會因為缺乏被愛的經歷，更加難以愛自己。還有些多子女的家庭，父母會要求大讓小，當老大拿了蘋果不給老二的時候，就會被父母說成「自私」。試想一下，當朋友來找你借錢，你因為一些原因拒絕了他的請求時，你會因為拒絕而深感愧疚嗎？也許很多人都會，我們普遍認為這樣的拒絕雖然滿足了自己的訴求，但也傷害了別人。再如有些父母經常和孩子說：「如果你……，我就滿意了。」面對這樣的情感綁架時，孩子如果沒有滿足父母的期待，就是不孝嗎？這個時候我們常常發現好像在「愛自己」和「自私」之間被畫上了等號。其實不然。就像電視劇《歡樂頌》裡的樊勝美，當她開始拒絕繼續滿足母親和哥哥嫂子不合理的要求時，並不代表她不考慮他人的感受，更不等於她很自私。

◇愛自己就是放縱自己嗎？

很多人認為愛自己就是無節制地滿足自己的各種欲望。在體重已經影響了身體健康的情況下，還是暴飲暴食；在入不敷出的情況下，還透支信用卡給自己買昂貴的衣服、包包、電子產品。他們的物質欲望雖然被滿足了，但精神仍然感覺空虛，也從未思考過這是不是正確的愛自己的方式，或自己真正需要的到底是什麼。那麼，愛自己的人是什麼樣的呢？

第一，愛自己的人會儘量滿足自己的需求。所謂「儘量」的程度，就是在不傷害他人也不傷害自己的情況下，讓自己感覺輕鬆和愉悅。如果我們省吃儉用三個月，只為買一個奢侈品；如果我們想讓對方給自己買一枚戒指，價格卻讓對方感覺望而卻步，這都不符合「儘量」的定義。人本主義有一個原則，就是你可以做任何你想要做的事情，但前提是不能傷害他人的利益。

第二，愛自己的人會關注自己的感受。我有個喜歡打高爾夫的朋友，他打球時身邊的人有時會給他提出一些建議，但是他總是說：「打球是一種享受，我有我自己的節奏。」當他打得好的時候，他會稱讚自己；打得不好的時候，他也會感覺鬱悶。這些感受非常真實，無論好壞他都能接納與直接面對，這就是愛自己的表現。

第三，愛自己的人在看到自己的不足時，能夠坦然接納自己。我的一個同事，身材很小巧，她偶爾會分享自己在上學時候的故事，比如從小到大都是坐第一排，站隊總站第一個，這不免會讓她有些自卑。但即使這樣，我也從來沒有聽到她因為這個事情抱怨，反而一直在健身，整個人非常積極陽光。我曾經問過她有沒有因為身高的事情煩惱過。她說有一段時間的確非常自卑，但心智慢慢成熟後，她已經可以正確地看待身高問題，接納自己的身體。她和我說：「存在的就是美好的。」

第四，愛自己的人更擅長寬恕自己。美國心理學家雪萊．卡根（Shelly Kagan）曾說：「愛自己的人，有能力接受自己曾經犯下的錯誤，不會否定過去，或一味沉浸在自我悔恨和自我懲罰裡。」之前有一名來訪者和我傾訴，之前因為他在事業上一個錯誤的決定，讓他和他的朋友都利益受損。這讓他沉浸在過失的沮喪中難以擺脫，一方面覺得對不起朋友，另一方面又覺得自己一無是處。

其實，出現這種情況，可能是因為他在成長的過程中缺少了一些試錯的機會，導致他在之後的人生旅程中，無法坦然接受自己的錯誤，一直鬱鬱寡歡。我給了他一些中肯的建議，比如可以嘗試做一些讓自己有成就感的事情，哪怕只是一些無足輕重的小事也可以，如打掃房間、為家人做一頓晚餐等。要學會寬恕自己，從小事中積累自信，讓自己正確看待對錯和得失。

第五，愛自己的人不會因為外界的評價而否定自己。我是在一個非常嚴苛、充滿否定的家庭環境中成長起來的，我一直嘗試著擺脫這種家庭氛圍帶給我的負面影響。所以，每當我經歷坎坷和挫折時，我就告訴自己，在我接觸的人裡，只要有百分之六十的人喜歡、認可我就可以，我將這種想法稱為「六十分好人」。而剩下百分之四十的人，即使是厭惡、討厭我，我也能夠接受。因為我如果一直用別人的評價來衡量自己，就無疑又回到了曾經的環境裡。反反復復地進入一個對我們有害的環境，是對自己的傷害。當我們意識到在傷害自己的時候，就要及時止損了。

自我探索練習

鏡子練習是美國心理學家露易絲．賀發明的，它的操作很簡單：連續二十一天，每天對著鏡子，凝視鏡子裡自己的雙眼，不斷對自己重複肯定的話語。別小看這個練習，很多人在做第一天練習的時候就淚流滿面，還有些人說自己無論怎樣都開不了口，沒有辦法肯定自己。你愛自己嗎？這個練習會給你答案。

我把《鏡子練習》這本書中第一天的練習引用在這裡，供你參考和使用：

- 站或坐在浴室的鏡子前。
- 凝視你的雙眼。
- 深呼吸，然後說出下面這個肯定句：「我想要喜歡你。我想要真正學會愛你。我們來試試看，並且一起發掘其中的樂趣吧。」
- 再做一次深呼吸，然後說：「我正在學習真正喜歡你，我正在學習真正愛你。」
- 這是第一個練習，我知道做起來會有點挑戰性，但請不要放棄。持續深呼吸，看進自己的雙眼，並在話裡加入你的名字：「我願意學習愛你，（名字）。我願意學習愛你。」
- 在這一整天裡，每次經過鏡子或看見自己的映像，請重複這些肯定句，就算必須無聲地說也沒關係。

剛開始做鏡子練習時，你可能會覺得重複念誦肯定句很蠢，甚至生氣或想哭。這都沒有關係，事實上，這很正常，而且不是只有你才有這種感覺。記住，我在這裡陪你。我也經歷過這些，而明天，又是新的一天。

自輕、自傷、自毀

我有一個十多年的同事，有一次他看見我吃飯，就開玩笑說：「老胡，你也算一個挺知名的心理學家，怎麼活得那麼隨便呢？」我一臉納悶，問他什麼意思。他接著說：「這叉燒飯你都吃了半年了，沒有換過。你工作量那麼大，卻在吃飯上很不講究，你似乎不太愛自己。」我這才意識到，我確實吃了半年的叉燒飯，從沒有換過其他的。而且，我吃飯又非常快，每次只給自己留很短的時間用來吃飯，甚至邊工作邊吃飯，似乎所有的食物對我來說都只是果腹而已。

然後，他又接著說：「我看你平常工作壓力非常大，偶爾也會顯露出疲態，但往往這個時候，你還是堅持工作、拼命工作，從沒想過照顧一下自己的身體，你這是自毀的傾向啊。我們是同事也是朋友，有什麼困難可以說出來和我們商量，不要什麼都自己扛，畢竟身體才是工作的本錢，你要愛惜自己。」

那天的閒聊讓我記憶猶新，在吃飯的這件小事上，的確體現出了我的一些自傷傾向。有些從小生活在重男輕女家庭中的女孩子也是這樣，小的時候爸爸媽媽只重視哥哥或者弟弟，她們眼看著父母對哥哥、弟弟關懷備至，卻對自己不聞不問。她們的心中也渴望父母可以像疼愛哥哥弟弟一樣疼愛自己，但父母的眼睛裡始終只有兒子。這種幼年缺愛的情況，導致她們即使在成年後都無法建立一段正常、良好的親密關係。

她們可能會像父母挑剔自己一樣，對親密關係中的另一半百般挑剔，希望對方可以像父母疼愛哥哥弟弟一樣無條件地為自己付出，但事實上，另一半沒有能力也沒有責任去療愈她們，最終還是要依靠她們自己走出童年陰霾，治癒家庭創傷。這個時候，有些女孩子就會選擇自輕、自傷來威脅和強迫另一半，比如喝酒、抽菸，企圖用這種方式留住對方，留住愛。

心理學上有一個術語，叫作自體客體。簡單地說，就是我們的腦子裡有兩個小人，一個是現實存在的小人，一個是評判自己的小人，這個評判自己的小人就是自體客體。自體客體來源於原先的、外在的原始客體。舉個例子，當老師總是說一個孩子不聰明，反應遲鈍，這個孩子內心就會內化出一個說自己不聰明的「客體」，這個客體就成為自體客體，這個老師就是原始客體。而「我不聰明」變成了孩子內心的聲音。如果我們是他的朋友，可能會勸慰他，但我們會發現我們的善意對他並不起什麼作用，因為如果「自體客體」沒有改變，他還是會以這樣的想法不斷地傷害自己。

為什麼有的人會選擇自虐？其實他們是在向恨的客體發出愛的請求，他們渴望得到他人的愛，卻選擇了錯誤的獲得愛的方式，用使自己痛苦的方法來判斷對方是否愛自己。當對方的眼神、話語裡充滿了憐愛和心疼，他們才能確認對方是愛自己的。

愛是一種能量，也是一種能力，即使我們幼年時期可能受過一些傷害，沒有得到足夠的關注與愛，也要在成長過程中學會愛自己。所謂悅己，不是取悅，而是悅納，我們要接納完整的、不完美的自己。當你真正做到悅納自己的時候，你會驚奇地發現周邊的人們也會越來越喜歡你。

如何愛自己

現在很多節日期間，商場裡的宣傳語都會提醒大家記得愛自己，彷彿買一個昂貴的包、換一個更新款的手機、添一件時尚的衣服就是愛自己。但事實上，物質上的豐盈根本無法填補精神上的空虛，真正的愛自己是接納自己，不傷害自己，認可自己，尊重自己。

第一，我們要學會性別自愛。有些女孩子因為原生家庭重男輕女而感到自卑、不值得被愛，因為容貌、身材而感到焦慮；有些男生經常想著「男兒有淚不輕彈」，受了委屈，壓力再大也都不和他人傾訴。這些都是對性別的偏見。我們不需要被禁錮在性別的條條框框裡，女生也可以在職場獨當一面，男生也可以穿粉色、敷面膜。重要的是，我們要堅定地愛著真實的、完整的自己，沒有必要為了迎合他人的眼光責怪自己，或者勉強自己做不喜歡的事情。

第二，避免陷入自傷的陷阱。當我們執著地渴望得到某些東西的時候，可能就會落入自傷的陷阱。有一個通俗的比喻：驢子拉磨，驢子為了吃到吊在眼前的胡蘿蔔只能不停地拉磨，但無論怎麼努力它都不會吃到那根胡蘿蔔。那根胡蘿蔔就是我們的執念，即使我們的執念很深，也無法真正擁有。

我小的時候，父親對我很嚴格，嚴格到只是一次成績不理想就會被打耳光。後來，這種嚴格就深深地在我內心紮了根，事情做得不完美、工作不能按時完成，我都不能接受，我會一直挑剔自己，直到方方面面都盡善盡美才肯甘休。追求完美本身無可厚非，但過度地要求十全十美，就是自傷了。

有些人在親密關係中要求對方必須滿足自己所有的需求，極力渴望對方的認可，希望回報大於自己的付出，這些不切實際的想法在無法實現的時候，他們就會認為自己不值得被愛，甚至自傷、自虐，這都是不可取的。有的時候放過自己，順其自然，也不失為一個好的選擇。

第三，認可自己的成就。有時候我們總覺得自己又沒有什麼豐功偉績，有什麼值得認可的呢？但其實生活中的一些小事，比如做成了一個簡單的小蛋糕、完成了自己制訂的計畫等，都是值得被認可的成就。我之前打球的時候，每進一個球都會開心地為自己喝彩。我們要看到自己的努力和付出，積極地肯定自己的成就，對自己多一些溫柔和包容。

第四，設定自己的邊界，遠離讓我們感覺不舒服的人和事。心理學家溫尼科特認為，要想獲得愛的能力，首先要學會客觀厭惡。所謂客觀厭惡，是指對於那些來源可被理解的厭惡，進行合理的回應。只有擁有客觀的表達厭惡的能力，才能幫助彼此獲得愛的能力。

比如當一位媽媽因為孩子無理取鬧而影響工作時，她沒有馬上大發雷霆，而是忍住衝動，耐心地告訴孩子打擾他人是不禮貌的行為。在這個過程中，媽媽對待孩子的方式不是攻擊與傷害，而是客觀地表達厭惡。相反的，如果媽媽不由分說地責罵了孩子，那麼這種方式就是不客觀地表達厭惡。這樣成長起來的孩子，愛與被愛的能力都不會很高。

第五，對自己足夠尊重。寇哈特曾說「不帶誘惑的深情，不帶敵意的堅決」。當我們尊重自己與他人的邊界，我們就有了更舒適的人際關係。

愛自己，聽上去像是一句口號，但或許我們都應該放慢自己的腳步，捫心自問：「現在的我，真的愛自己嗎？」當你看著鏡子裡的自己，是滿心歡喜，還是滿臉嫌棄？嘗試從當下開始，善待自己。擁有了愛自己的能力，才能更好地享受生活。

22 如何做出人生的關鍵選擇

人生是無數個「選擇」的結果

命運其實就是我們選擇的結果。人生在世，除了出生不能選擇以外，其他很多東西都是可以選擇的。一般來說，人生中任何事情都有三個以上的選擇，為什麼？先給大家講一個我自己的故事。

大概在二〇一〇年的時候，我曾面臨過一個選擇，這個選擇很有可能讓當時的我實現財富自由。一個朋友帶我去參加一個投資項目說明會，如果看好就能進入投資人行列。但是，我覺得那個專案講解人說得過於誇張，所以一開始就不太相信。中途我跟朋友說自己還有點事要出去一趟，於是我就離開了會場。兩個小時後朋友給我打電話說會議結束了，他投資了五十萬元，成了那個公司的合夥人。

事後我跟朋友說了我的擔憂，覺得這個項目可能會出問題。朋友卻很相信，我也就沒再多說什麼。後來，這個項目大獲成功，三年之後回報率已經高達100000%了，朋友也實現了財富自由。

回想起來，如果當時我也能夠果斷選擇投資，那現在大概也跟朋友一樣實現財富自由了。但是世上沒有那麼多如果，只有無數個選擇後的結果。

釐清生命中的選擇（3W1H）

在做選擇之前，為了梳理思路，我常常問自己四個問題，這個提問模型被我稱之為「3W1H」（見下圖）。

◇WHO——釐清選擇的主體

有一次，一位四十多歲的男性找我諮詢。在諮詢室裡，他一直在不停地向我抱怨。他說，自己從小到大一直在按部就班地生活，無論是念書、工作

「3W1H」提問模型

還是婚姻，始終都在聽從父母的安排。雖然他目前在大企業擔任高級主管，卻從來沒有存在感。回望幾十年的人生，他自己似乎從來沒有做過任何選擇。

我相信，生活中一定還有很多跟這位先生經歷相似的人。他們總是覺得，很多事情都是別人幫自己做的選擇，自己是被逼無奈的。這種情況下，即便再努力，也會覺得很痛苦，甚至覺得自己是一個受害者。但事實果真如此嗎？

事實上，你之所以選擇受苦，是因為受苦是你的需要，你的選擇只是在滿足自己的需要而已。比如一些人離不開讓他感到消耗的關係，並不是因為他離不開，而是他選擇了不離開。他深信自己是一個受害者，於是採取了一系列的行為來幫助自己達成受害者的角色。之所以會做出這種選擇，是因為當他把自己當成受害者的那一刻，就不再需要為這個世界上的任何事情負責了。

釐清選擇的主體，就是幫助我們意識到：這是誰的事？這是誰的選擇？誰要為這個結果負責？

◇WHEN——釐清選擇的時間

我們來檢討一下開篇的那個故事，其實在整個過程中我都存在兩個選擇：投資或不投資，而我的選擇是不投資。後來，當看到朋友因為這筆投資而實現財富自由之後，我還是有一些後悔和遺憾的。

可是過去的已經過去了，我能改變過去的選擇嗎？當然不能，所以我只能用後悔來逃避因自己失誤導致的後果。但是，現在的我有了另外一種選擇：接受自己的失誤。

資深心理治療師曾奇峰老師與我亦師亦友，對於後悔這件事，他從精神分析的角度做出了解釋：後悔是誇大的操控力，包括對過去的操控；逃避現實衝突；製造持續的痛苦，以維持基本的存在感。

也就是說，當你不能接受結果而感到後悔時，你的狀態其實是想要回到過去去操控當時的選擇，後悔是「現在對過去的操控」。比如有些人之所以會陷入對原生家庭的抱怨，是因為在他們的潛意識中，他們想要回到過去、改變過去。這種感覺和「後悔」一樣，都是我對過去自己所做的、所經歷的不滿意，想要重來一次，再做一次選擇，這就是想實現「現在對過去的操控」。

我們最大的痛苦往往在於想去改變自己的原生家庭，但原生家庭又無法改變，就像生命不能重來一樣。已經存在的傷害難以消弭，已經固定化的家庭模式也難以在一朝一夕間有所改變。所以，有些人就會失落遺憾，甚至心裡還會產生一種挫敗感。在這個過程中，我們該如何對待自己的生命和所謂的命運，又成為另一個我們正在面臨的選擇。

在更多的時候，選擇是大於努力的。那麼我們到底該做出怎樣的選擇？是為自己的過去做選擇嗎？不，是為自己的現在做選擇。

◇WHAT——釐清選擇的對象

所有的選擇都有其對應的範圍，在神經語言程式學中，人生中的事分為三類，即自己的事、別人的事和老天的事。自己的事，自我負責；別人的事，給建議或提供幫助；老天的事，敬畏臣服。

很多人說自己無法選擇，其實是因為他們選擇把自己放在無法選擇的範圍裡，進而導致他們感覺無力和失控。比如你著急去一個地方卻被堵在路上無法前行，這時候你就會有一種深深的無力感，想往前走又走不了，想下車也不能，只能在車上等待，於是你變得特別焦慮，甚至憤怒起來。這個時候，憤怒就是我們的一種無意識選擇，憤怒背後通常是無力。在這個過程中，我們可以先把這個情況放著，然後去覺察一下自己的憤怒，和自己的憤怒待一會兒。當我們能看到憤怒時，憤怒就減少了一大半。

冷靜下來，我們會發現，憤怒對堵車沒有幫助，像每一位堵在路上的人一樣，我們都對堵車這件事無能為力，唯一能做的就是耐心等待。這對當時的我們來說，就是「老天」的事，我們只能選擇接受，即使我們再努力也無法改變什麼。

所以，每逢節假日我們常常會看到這樣的新聞：出現嚴重堵車事故時，有些人會趁這個時間和家人打通電話聊聊天，甚至發揚樂觀主義精神，在堵車的漫長時光裡開啟了娛樂活動，如打撲克牌、下象棋、做鍛鍊……這些人的選擇是接納現狀，並順勢而為。毛澤東主席說過這樣一句話：「天要下雨，娘要嫁人，隨他去吧。」無論老天的事、別人的事，還是自己的事，總有些事情是無論我們多努力都沒有辦法改變的，無能為力的時候都隨它去吧。

◇ HOW——需要選擇一個態度

態度可以是合作的，也可以是對立的。對外界的態度，我們可以選擇去競爭或合作、懷有善意或惡意。有時候我們的態度是「放過自己」，接納自己，不評判、不責怪，就是選擇了善意。但是更多時候，當發現結果並不是我們所期望的那樣，我們就會懷疑自己，認為自己選擇錯了，然後就會對自己各種責怪，以各種方式來傷害自己。

覺察自己對這件事的態度是善意更多，還是非善意更多，也是影響我們做出選擇的重要元素之一。

為什麼選擇大於努力

為什麼說選擇大於努力？很多人認為這是心靈雞湯，但是我覺得有必要向大家解釋一下這句話的內在關聯、動力以及底層邏輯。

在很多人的內在認知中，總覺得努力大於一切，為什麼會這樣？是因為我們總是被灌注這樣一種認知：人定勝天，努力就有收穫。我們沒有深入思考其中的必然性，只是一味覺得這句話是對的，是應該秉承的真理。但實際上，努力也只是我們的一個選擇而已。

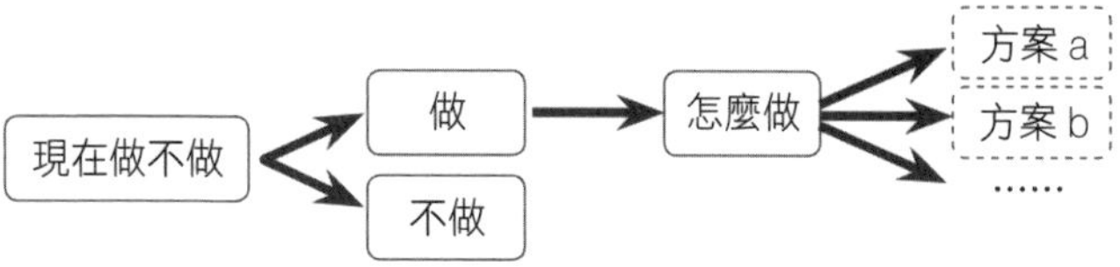

選擇邏輯圖

比如你想運動健身。短影片平台上的某個健康教練很人氣，於是你便去看他的影片，這是你的一個選擇。接下來，你跟著他一起運動，這也是你的一個選擇。學著學著，你覺得太累了，無法堅持，於是離開了他的直播間，這又是一個選擇。你看，就這樣簡單的一件事裡，其實包含了選擇的兩個邏輯：做不做和怎麼做。

這個圖看起來簡單，有助於我們梳理問題，但是真正使用起來會有一定難度。比如我們決定要減肥，確定要「現在做」，那麼我們就會到達「怎麼做」的選擇上。我們用什麼方式減肥？是跑步？是游泳？是健身？是調整飲食結構？等等。當我們確定各種「怎麼做」的方案之後，又會面臨新一輪的「做不做」的選擇。所以一個選擇背後，其實藏著很多的選擇。很多時候我們困在原地，是因為囫圇吞棗，把「做不做」與「怎麼做」混為一談。

選擇是我們對自己現階段各方面能力的一種判斷評估，包括對自己的完整認知和自我接納，在這個基礎上，我們才能夠做出一個符合自己、適合自己的選擇。如果我們對自己的身體很了解，知道怎樣的運動方式對自己更高效，那麼我們選擇起來也更加容易。

當然，如果你還沒有能力做出選擇，那麼「不做選擇」也是一種選擇。如果必須要做選擇，就要多給自己一點時間，因為很多時候我們會發現自己是有選擇的，而且已經無意識地做出了選擇。這不是你意識裡的選擇，而是潛意識裡的選擇。

潛意識是一個大課題，卡爾．榮格曾說：「當你的潛意識沒有進入你的意識，那就是你的命運，當潛意識被呈現時，命運就被改寫了。」而命運的背後其實就是無數個選擇。當我們有更多選項的時候，我們人生的發展也將擁有更多的可能性。

任何事情都有至少三個以上的選擇，當我們再次認為自己沒有選擇時，停下來，問問自己：這是真的嗎？

23 如何尋找生命中的合夥人

如何建立好的合作關係

所有的人際關係中都有「合作」發生，哪怕是一段糟糕的關系，也是兩人「合謀」的結果。但什麼才是好的合作，或者什麼才是能夠滋養我們的合作呢？

我先來講兩個小故事。

第一個故事是這樣：前幾天，同事拿出一盒綠豆餅跟大家分享，在這個過程中發生一件很有意思的事。剛開始拿出綠豆餅時，他說：「這個綠豆餅很好吃。」隨後，他馬上又補充一句：「我覺得這個綠豆餅很好吃。」

很多人可能覺得，這兩句話沒什麼區別，不都在強調綠豆餅好吃嗎？但從關係角度來說，這其中大有區別。前者是他將自己的感受當成了事實告訴大家，而後者則將事實與感受分開了，因為他自己覺得好吃，對別人來說卻並不一定。如此一來，後者的說法顯然是分清了「我」與「我們」之間的區別，同時也肯定了「我」的存在和「你」的存在，而前者剛好與之相反。

當我們不以自己的主觀感受來觀測他人，而是承認他人對事物也擁有自己的認知和感受時，就是好的合作發生的前提。這樣不但尊重了對方的感受，還積極主動地邀請對方來體驗一個美好的事物，就像這位同事後來說的：「我覺得這個綠豆餅很好吃，你要不要試試？」

事實上，一個好的心理諮詢過程也是一次合作，因為諮詢本身就是一段安全的、彼此支持、彼此賦能的關係。作為諮詢師，我經常收到來訪者的感謝，如「謝謝你的陪伴，因為我們一起努力，我才解決了這些問題」。好的合作就是要承認彼此共同的存在。

第二個故事是發生在我跟一個快遞員之間。我們所在的辦公大樓分東西兩座，有一次，我在網路上訂購了一個東西，可能店家把地址寫錯了，然後快遞員就按照上面的錯誤地址送去了。我在收到取件資訊，前往指定地點取貨時，發現並沒有我的東西，於是就給快遞員打電話詢問。他告訴我，他送到了，我不可能沒拿到，並強調讓我再好好找一找。我找半天仍然沒找到，就再次聯繫他，他要求我把單號傳給他，然後告訴我說，是我把地址寫錯了，才導致他送錯了。

其實出現地址寫錯、投遞失誤等情況，我們把東西找到便可以了，但這個快遞員的關注點在於這件事是誰的問題，實際上，我使用這個地址已經收到了上百件物品，從來沒有人弄錯過。最後我想，我不能再在這上面浪費時間了，所以就說：「好的，我知道了。」但他並不想就此結束，仍然不停地發簡訊給我，強調是我的錯，而不是他的失誤。

從他的回應可以看出，這件事的對錯對他來說很重要，也許他擔心我會給他負評，或者打破他的內在秩序，但無論原因是什麼，他在生活中應該是個無法接納自己失誤的人，所以才一定要弄清對錯，同時他也無法接納別人的錯誤。所以最後我告訴他：「好，那算是我錯了。」他才結束對這件事的執著。

我這樣來處理這件事，並不是縱容他。而是做出了對我影響不大的一個妥協。心理學上有一個狀態被稱為懸空狀態，當人處於這種狀態時，往往沒辦法看到真實和客觀，而是更多地讓自己懸在半空中，或者說完全活在自己的世界中，只在意自己的得失對錯，並且需要所有人都遵從他的秩序，不願意看到真實的他人和現實世界的秩序。

如果我們陷入懸空狀態，凡事一定要爭個高低對錯，那恰恰說明，我們是不允許自己出錯的，我們對犯錯這件事情是不接納的。好的合作也要能夠正視並接納彼此的錯誤。

尋找生命中的合夥人

阿德勒曾說：「人際關係的起點是『課題分離』，終點是『共同體感覺』。」其中，課題分離用一個比喻來形容的話，就是「可以把馬帶到水邊，但不能強迫其喝水」。簡而言之，就是不能強迫別人的意願，否則只會導致更加強烈的反作用，畢竟能讓一個人改變的只有自己。而共同體感覺則是指「把他人看成朋友，並在共同體中能感受到有自己的位置」。

◇關係中的課題分離

在阿德勒看來，人的一切煩惱的根源就是人際關係，起因於對他人課題的妄加干涉，或者是自己的課題被他人妄加干涉。只要能做到課題分離，人際關係就會發生巨大改變。

所以，阿德勒提出，面對人際交往，我們只需要考慮一下「某種選擇帶來的結果最終要由誰來承擔」就可以了。誰來承擔這個結果，就是誰的課題，誰就有這件事的選擇權和決定權。能夠在關係中做到課題分離，就意味著你實現了人格獨立，與人相處時才不會加劇隔離感。真正讓關係產生隔離和疏遠的，恰恰是含糊的共生邏輯。

想進一步理解課題分離，可以嘗試以下這個練習。

自我探索練習

你的朋友失戀了，他又難過又憤怒，跟你抱怨著那個「負心人」的不好。這時候你會？

A. 為他抱不平，甚至打電話過去，一起罵那個「負心人」。

B. 跟他講道理，比如「舊的不去，新的不來」，然後立刻為他介紹下一個。

C. 靜靜地陪伴他，在他需要的時候抱抱他、拍拍他，告訴他：失戀是很傷心難過憤怒都是可以的，如果你需要，我在。

A和B在這個場景下，更多是把朋友的事看作了自己的事；而C相對更加做到了課題分離，失戀是朋友自己的親密關係課題，你能做的是如果他需要我的陪伴，我可以陪伴他。

前文我們提到，接納自己是建立關係的開始。當我們有了自我接納的能力，即使面對失敗與錯誤也能坦然接受。同時，我們不會認為自己的情緒要由他人來負責，或者我們的期待要由他人來滿足，我們可以坦然地拒絕他人，與他人建立真正的邊界感，明確彼此責任，實現課題分離。

當然，在任何一段關係中，我們都希望對方能與我們一起攜手進退，不拋棄、不放棄，給彼此足夠的安全感。如果一段關係經常讓你感覺不安，或者似乎隨時會被對方放棄，那麼你就會想要時刻確認對方的存在，關係也會走向混亂交織，最終以一方的不堪其擾而結束。同樣，如果我們隨便就拋棄或放棄生命中的某個人，那麼屬於我們自己的關係會越來越少，生命中的合夥人也會越來越少。

◇命運共同體

我經常說，越是親近的人，越像是合夥人。很多人對此不理解，親近的人明明是我要去愛、照顧、守護的人，怎麼可能只是合夥人呢？

實際上，人際關係中所發生的一切都是共謀的結果。在合夥人關係中，雙方都投入了資源和努力，遇到困難會一起面對，遇到衝突會相互溝通，不管用任何方式，都會努力達成共識，最終實現一個相對共贏的結果。這就是一個好的合夥人關係，阿德勒將其稱為共同體關係。

阿德勒還指出，人的一生中可能面臨的所有困難都可以歸納為三類問題：職業問題、人際交往問題和婚姻問題，這三類問題本質上都屬於合作問題。所謂「人生的意義」，就在於我們怎樣去面對和解決這三類問題。在他看來，一個人的意義只能在跟別人的交往、合作中體現出來，人生的意義也在於對別人和整個社會有所貢獻。當一個人把他人當成夥伴，並能從關係中感受到「自己有位置」的時候，就會產生「共同體感覺」，這是一種有持續價值的對他人的貢獻感，也是幸福人生的重要指標。人要想獲得幸福，就要建立這種共同體感覺；要建立共同體感覺，就要相互尊重和信賴；而尊重和信賴的基礎是愛。

愛是自立，也是成熟，我們會通過愛他人而讓自己變得成熟起來。不過，在愛的關係中並不完全是快樂，也有各種無法預料的困難、責任、冷漠甚至悲傷，這些我們都無法掌控，而我們唯一能做的就是主動去愛。只有學會愛他人，我們才能從自我中心裡把自己解救出來，才能學會自立和成熟，並找到共同體的感覺。

所以，阿德勒認為，在建立關係時，最重要的就是要從自己的世界中走出來，與別人的世界建立有邊界的交集。但對於任何一段關係或一個合夥人，與其說是尋找，不如說當你學會自我接納，你的合夥人自然會出現，你的關係也自然會發生變化，就像我們常說的那句「你若盛開，蝴蝶自來」。

◇阻礙從「我」到「我們」的因素

在人際關係中，要找到合夥人，實現從「我」到「我們」的改變很重要。那麼，從「我」到「我們」之間到底隔了哪些因素？在建立關係時，是什麼阻礙了「我」走向「我們」，與他人建立命運共同體呢？

我認為主要體現在三個方面。

第一個是自戀。過度的自戀會讓我們活在自己的世界當中，對他人難以產生興趣。而我們感興趣的，也僅停留在他人對我們的態度或他人怎麼看待我們，就像有人說「我愛你」時，其實我們內心更喜歡的是「我愛你」隱含的那種轟轟烈烈的感覺。正如尼采所說：「人最終愛的是自己的欲望，不是欲望的對象。」所以，建立合作的第一步是多保持對他人的好奇，而不僅僅是關注自我、評判自我。

第二個是「模式」的重複。人的最原始的關係模式原型，往往來自自己被父母曾經對待的方式，其中有好的方式，也有不好的方式，甚至是帶有傷害的方式。比如面對挑剔的父母，我們可能經常被他們否定，這時我們就難以從與他們的互動中感受到自我價值，同時也很難培養起對自己的信心，覺得自己什麼都做不好。而當我們想要與別人建立合作關係的那一刻，內心就會有害怕和恐懼阻礙著我們，讓我們擔心對方會不會挑剔自己、否定自己。由此，我們對他人便產生了不信任感，人際關係也難以順利建立。而瞭解自己、覺察自己是突破原始模式的關鍵一步。

第三個是假想的恐懼。人際關係是我們努力和投入的結果，如果我們總是處於被動狀態，像小孩子一樣等待別人來靠近的話，人際關係圈就會越來越小，這種狀態類似於現在常說的「社恐」、「社交迴避」等。而之所以如此，是因為我們曾經有過被拋棄的經歷，一旦要建立關係時，內在就會產生強烈的不安全感，害怕和以前一樣，再一次被他人拋棄。這種假想的恐懼會導致我們對人際關係失去主動性。

事實上，這個世界雖然不完美，但也不算壞，只要我們始終保持善意，不帶著恐懼和敵意去面對它，那麼就同樣能夠收穫很多善意。相反，當我們對世界充滿恐懼和不安，覺得這個世界處處都是惡意和危險，需要時刻提防、小心謹慎，那自然難以進入合作的狀態。當我們的人際關係一直停留在「我」，而沒有邁向「我們」時，身邊所有的一切都變成了我們哄自己玩的一個遊戲，我們眼中沒有別人，也沒有合作發生，有的只是一個自編自導自演的故事而已。

所以，人際關係中從「我」到「我們」，從「獨立」到「合作」，其實是一種選擇。我們的人際關係是好是壞、是滋養還是消耗，都是我們選擇的結果。當我們學會主動去選擇，並且能為自己的選擇負責的那一刻，我們就一定能找到志同道合的人。

Part 6

心靈的慰藉

24 什麼樣的人更容易幸福

感覺到自己的豐富

什麼是幸福？相信對很多人來說，幸福都是一個很抽象的概念。有人覺得它是一種體驗，有人覺得它是一種感受，還有人覺得它與快樂息息相關……總之，幸福沒有統一的標準，每個人對幸福的體驗也不一樣。但是，一個人是否能感受到幸福，我認為與這個人是否屬於幸福體質有關。

那麼，我們怎樣才能判斷自己是否屬於幸福體質呢？

正向心理學教授彭凱平老師有一本書叫作《吾心可鑒》，這本書讓我受益良多。當時，出版社邀請我為該書寫推薦語，在裡面我提到人們更容易獲得幸福的五個關鍵字：豐富、可控、創造、成就、看見他人。我也用這五個關鍵字來作為此篇的分享，大家也可以看一下自己是否屬於幸福體質。

人生中的豐富有很多種，能夠感受到自己人生的豐富，就可以獲得一定的幸福感。但實際情況是，很多人都感覺自己的人生很貧乏、寡淡，每天的生活兩點一線，或者內心裡認為自己是個很匱乏的人，既沒有開闊的思維視野，又缺乏豐富的人生經歷，每天心裡只想著一件事，就是怎麼賺大錢，或者怎麼超越別人，這時就不太容易產生幸福感。所以我們發現，在馬斯洛的需求層次中，生理需求和安全需求都屬於比較低層次的需求。如果一個人在這些低層次需求上花費精力更多，就難以產生豐富的感覺。

有人可能會說：「我的內心很豐富啊，我每天都對未來充滿各種各樣的想法和期望，這樣應該算是很豐富吧！」

是的，我們每天所經歷的，無論是外在現實還是內在體驗，都是各種各樣，甚至波瀾壯闊的。所以，在此我想進一步澄清的是：我們討論的豐富有一個前提，那就是你內心的期望與外在的現實是一致的。比如你期望平平淡淡就是幸福，實際上你也甘願過著平淡的生活，能夠自得其樂，這種一致會讓你感受到幸福。如果你內心期望的是飛黃騰達，現實中卻不得不過著平淡的生活，這種衝突就不容易讓你產生幸福感。

所以，我們所說的豐富，並不是自以為的豐富，而是我們的內心世界能夠與外在世界保持一致，或者說是我們期待的目標與自己的能力能夠互相匹配。如果你期待過高，能力值又太低，那就很難產生幸福的體驗。

可控感

對自己的生活有可控感，也是讓我們獲得幸福體驗的一種方式。但我們知道生活中的很多事情都是不可控的，比如做噩夢、偶爾的情緒爆發、發現別人對我們有某些看法、對對方的感覺矛盾等，這些都屬於不可控的。

前文曾提到，在關係當中，我們內心會需要一個相對穩定的內在客體，也就是說，當我們內在有一些需求，而對方又能夠及時回應或滿足這些需求時，我們就會感覺這段關係很穩定。在這種情況下，我們會認為這種內在客體關係是可控的、安全的。相反，如果對方沒有回應，或者無法滿足我們的內在需求，即使他是我們親近的人，我們也會認為這段關係不夠穩定。

如果你經常身處這樣的客體關係中，在與人交往時，你會不知不覺地把它投射到其他人身上，認為身邊的關係都是不穩定、不可控的。

反過來，如果外在的人的表現符合我們內在客體關係的模式，我們會欣然接受。當然，前提是我們要知道自己內在的客體關係是什麼，且這一客體關係是穩定的，這時關係才具有可控性。否則，我們就會寄望於一個理想的人，而不是真實的人，並且將這種想像出來的客體投射到他人身上。但很顯然，這種關系是不穩定的，也是不可控的。

創造

幸福感有很多都是來自創造。按字面意思理解，創造有三種解釋：無中生有、不斷反覆運算和物質轉化。

「無中生有」不難理解，就是將一個不存在的事物創造出來，使之存在；「不斷反覆運算」則是不斷創新。就像有人喜歡裝修房子一樣，這個過程一方面是無中生有，另一方面也是一個對舊房子的反覆運算過程，這些都屬於創造。

什麼是「物質轉化」呢？

舉個例子，我曾看過一部韓劇，裡面的弟弟從小就很聰明，哥哥一直活在弟弟的陰影下，對弟弟很嫉妒。有一天，哥哥把弟弟領到一個偏僻的地方決定丟棄，沒想到弟弟在此遭遇了綁架。雖然最終弟弟憑藉智慧逃脫了，但因目睹綁架者在自己面前自殺，弟弟留下了極大的心理陰影。弟弟獲救後，哥哥對此非常愧疚。尤其看到弟弟受綁架事件影響極深，而父母又經常責怪自己，哥哥的愧疚感和罪惡感越來越嚴重。漸漸地，他就把弟弟的經歷當成了自己的經歷。

這種情況在心理學上被稱為向受害者認同。兄弟二人的關係越發糟糕，弟弟對哥哥不但有責怪還有鄙視，原因主要有兩個：一是哥哥做了一件讓自己極其痛苦的事；二是哥哥把被綁架的經歷說成是他的經歷，這就像是在撒一個彌天大謊——哥哥明明是加害者，結果反而成了受害者。不過，兄弟二人最終還是解開了誤會，言歸於好。在這個過程中，他們彼此就重新創造了一種兄弟關係。

所以，物質轉化的意思就是，我們與他人之間的關係發生了一個巨大變化，可能原本是敵對關係，最終一下子轉變過來，成為朋友、兄弟的關係。當然，這個過程可能會引起很多不好的感受，但最終還是會產生一種「轉化」的感覺。比如有人就跟我說，他原來特別怨恨自己的父母，忽然有一天他重新去看待與父母的關係時，便開始理解父母的不易，理解到父母也有自己的局限性。這個過程就是一種轉化。

我們在做心理諮詢的過程中，絕大多數情況下都只做了四件事：首先是共情，我們要先與來訪者建立一個相對穩定的同盟關系，一起來面對問題；其次是澄清，也就是敘述事情的經歷，這時治療已經開始了；接下來是對質，即向來訪者提出對質性的問題，推動他們探索與審視內在自我；最後達成一個修通（working through）的過程。這個過程是一個轉化過程，同時也是一個創造的過程。

與心理諮詢一樣，生命是一個時間維度更長的不斷創造的過程。每一天都是新的開始。我的一位來訪者說他最怕的就是不斷重複現在的日子，甚至一眼就能看到十年後的自己，這種單調、乏味、無力的感覺讓他感覺生命了無生趣。我們能感覺到，這樣的生活對他來說是不存在創造的，也很難產生太多的幸福體驗。

創造既是在打破當前的狀態，也是重建全新的自己，這個過程中更容易產生幸福的體驗。

體會到知足與成就

前幾天我聯繫上了一位以前的助理，和對方聊了幾句，我問他：「你最近怎麼樣？」他說：「胡老師，我挺好的，一切都剛剛好。」

「一切都剛剛好」，很多時候我們發現這句話特別讓人振奮，給人一種很圓滿的感覺。我們常說要知足常樂，「足」是什麼？就是一切都剛剛好。當我們覺得自己的期望值與現實很好地匹配時，就會產生一種成就感和知足感。相反，如果目標設得太高，而自身能力又與目標不匹配，不能如願達成目標時，人就會失落，並且為之痛苦。有些人對自己的容貌、身材等不滿意，希望自己能擁有天使般的面孔、魔鬼般的身材，為了達成這個期望，不斷地去整形、塑身，期待有一天能完美蛻變。甚至一次整型、塑身不滿意，還要多次進行。這種不滿足的狀態，很難真正產生幸福感。

有人說，「知足常樂」這樣的話都是安慰人、哄人開心的，因為人都有欲望，不可能感到知足。實際上，任何成就感、知足感、幸福感都是相對而言的，欲望也是如此，管理好自己的欲望，適當地節制欲望，在欲望與能力之間需要找到一個相對和諧的匹配度，你的欲望可以通過努力達成，而不要去追求那些不切實際、與自己能力相差懸殊的欲望。

此外，在關係當中，我們也可以體會到成就感，那就是當你對他人有一定的期待，而他人剛好滿足了你的期待時。相反，如果你對他人期望過高、過多，或者對方不願意按照你的期待來行事的話，那麼這段關係不但不能為你帶來成就感，還會給對方帶來很大壓力。

所以，真正的成就感和知足感並不完全是向外求，而應該更多地向內求、向自己求，同時多看到自己的價值。你自己有價值，能夠成就更多的人，對他人有所貢獻，你才更容易體會到成就感，體會到知足帶來的快樂和幸福。

看見他人

從現代精神分析客體關係的角度來看，人活著就是為了滿足關係的需要。一段能夠相互看見的關係，可以讓我們擁有幸福的體驗。

那麼，什麼才是相互看見的關係呢？

一位朋友曾問我怎樣才能讓他父親改掉抽菸的習慣，我告訴他，你可以先試著想想抽菸這件事對你的父親來說意味著什麼。很多時候，我們所以為的對錯，對其他人來說是完全不同的體驗。比如抽菸這件事，在朋友看來，它對父親的健康有害，同時家裡人也要被迫吸二手菸，有害健康；但對於他父親來說，抽菸可能是他緩解焦慮、放鬆情緒的一種有效方式。

同一個問題站在不同立場看，其體驗感也是完全不同的。如果這兩個立場完全對立起來，那麼結果就是引發矛盾，因為彼此都沒有看見對方，只看見了自己，這也是關係當中最難處理的一部分。

佛洛伊德曾說：「別人的存在，是為了滿足自我原欲*或者攻擊性的投注而已。」如果一個人沒有能力看見別人，即使他建立再多的關係，也都是與自己的關係，與別人無關。就像有些父母，對自己的孩子寵愛有加，表面看是想做一個很愛孩子的爸爸媽媽，而實際上，這一切都只是在滿足自我需求。我們把這稱之為完成自戀的一個行為藝術。因為他們將孩子看成了自己的一部分，或者是一個不完整的東西，並且只看到了他們想看到的那部分，卻沒有去看到孩子真正的需要。

從事這個行業，經常會被人誤解。當我告訴別人，我是一名心理諮詢師，立刻就有人問我兩個問題：第一，你是不是會催眠？第二，是不是我什麼都不說，你就能看透我？其實他們在問我這兩個問題時，並不期望我會給出答案，他們也並不想知道心理諮詢師或心理學家到底是什麼樣子的，因為他們自己已經有了答案，他們提出的問題本身就是答案。

很多關係都是這樣，人們只是在其中表演自己，缺乏建立關系的深度與連結，並且也根本不想去瞭解他人。這就像我們經常聽到的那個網路笑話：有一種冷，是你媽媽覺得你冷。難道孩子真的不知道冷暖嗎？當然不是。孩子從一出生就知道冷暖，只不過小時候的他們不會表達，不能照顧自己，才需要父母為他們穿脫衣服。長大後，他們完全有能力感知和表達自己的冷暖，自主決定添衣還是減衣，而不需要父母再耳提面命。這種做法，同樣是沒有看見孩子。

任何一段好的關係的建立，都需要先有看見，繼而才會有認同和接納。用精神分析來解釋的話，要真正認同一個人，必須要經過三個過程：看見、攝入和內化。就像我們吃東西要經過進食、消化和補充為營養三個過程一樣。看見他人，就像是你吃東西的過程。攝入就是對他人的深入瞭解。你把東西吃下去後，必須經過消化的過程，再攝入裡面的各種成分，將其變成自己身體需要的營養。內化就是把他人的觀點變成自己的一部分，就像是身體吸收了食物中的營養一樣。

在關係中，我們未必要認同對方，當我們能夠做到看見對方，就已經能夠從中獲得幸福體驗了。

＊編注：原欲（libido，音譯為力比多）是佛洛伊德理論中的一個重要概念，原指人原始的性本能和性衝動，後擴展為一種機體生存、尋求快樂和逃避痛苦的本能欲望。

25 怎樣的獨處能讓人獲得滋養

獨處時的幾種感覺

我相信每個人都擁有過獨處的時間。有的人喜歡獨處，覺得獨處很舒適，能滋養自己；有的人則不喜歡獨處，感覺會讓自己很孤獨、煩躁；還有的人喜歡在外面獨處，而不喜歡在家裡獨處，在咖啡館獨處會讓他感覺安心，在家裡獨處就心裡發慌。這可能是因為在咖啡館雖然是獨處，但身邊還有其他人存在，可以讓人產生一些連結感；在家裡時，身邊沒有人可以建立連結，或者家人讓自己感覺壓力很大，放大了不適感。總之，每個人在獨處時都會產生不同的感覺和體驗。

我的一位朋友是個在商業上很成功的人，他有個特別的愛好，就是喜歡到無人區探險，全世界很多地方的無人區他都去過。他很享受那種在無人區放空自我的獨處狀態。他很喜歡研究西方音樂史。如果你跟他聊西方音樂，他能滔滔不絕地跟你說上三天三夜，他對西方音樂的欣賞水準已經達到了非常高的境界。當他隨著音樂的韻律進入某個情境中時，他甚至會淚流滿面。我想，這時他一定是將自己完全沉浸在音樂之中了。他還喜歡品酒，對各種酒類有著非常專業的研究，他告訴我他時常一個人在家邊聽音樂邊品酒，他喜歡那種感覺，也享受那份孤獨。

前年春節因為疫情暴發，他只能一個人在家過節。我前去看望他，他異常高興，拉著我聊了好久，我能感受到他想要積極地與人連結。

對於這位朋友，我相信他一個人在探險時、聽音樂時、品酒時，一定都是非常享受這份孤獨的；但當他一個人在家過節，無法與外界連結時，他又是非常孤單難過的。所以你看，獨處有時是一種享受，有時又是一種消耗。這就涉及我們前文講述的「孤獨」與「孤單」的差別。兩個詞雖然是同義詞，但「孤獨」突出的是「獨」，是指一個人的內在狀態，更強調與人內心的連結，而這種連結無論是指向探險、聽音樂，又或是品酒，都可以讓人享受其中。而「孤單」是一個人的外在狀態，重點在於形，它缺乏與內在的連結，也正因如此才讓人感到孤單、難過。

除了以上兩種感覺外，獨處還有一種感覺，就是寂寞。這種感覺就像全世界只剩下你一個人一樣，它更多對應的是一種空虛感、絕望感，不但外在沒有連結，內在也沒有連結，周圍是一片死寂。這種虛空的狀態會讓人特別絕望，很多毒品成癮的人就是為了對抗這種絕望和死寂，才會通過吸毒的方式來獲得強烈的、短暫的、活著的體驗。

糟糕的獨處

前幾天，我的另一位朋友跟我抱怨，說他的一個朋友找他借了錢，但是他現在給對方打電話時，對方竟然不接他電話了。他說，他在意的不是還不還錢的問題，而是對方不接他電話這件事讓他非常焦慮。我理解他的感覺，這種感覺可能是由於對方的行為打破了他的可控感，讓他產生了一種失控的焦慮。所以他跟我說，他想試試「森田療法」。

「森田療法」是由日本東京慈惠會醫科大學森田正馬教授創立的，主要適用於治療強迫症、社交恐懼、驚恐發作、廣泛性焦慮等神經症。它的精髓主要有八個字：順其自然，為所當為。從字面意思看，這八個字不難理解，但如何運用可能很多人不清楚。

以強迫症為例，一個有強迫症的人特別害怕失控，為了保持內心的秩序感，他會強迫自己做一些事情，但又常常感覺做得不完美，所以會不斷反復。「森田療法」給這類人提出的建議是，什麼都不要做，徹底「躺平」；甚至要求他們在床上躺一周，期間除了吃飯喝水去廁所，任何事情都不要做，連與家人見面、交談、讀書、抽菸等活動都要禁止。

這種療法為有強迫症的人製造了一個完全失控的場景，讓他們徹底處於失控狀態，自己的所有事情都被其他人控制，所以很多人躺兩三天就無法忍受了。這時，如果被治療者實在想要做一些事情，可以允許他們做一些簡單的事情，但每天僅限一小時。比如可以到院子裡除除草，或者打掃一下房間，時間一到，就繼續回去「躺平」。這時，他們就會特別珍惜這一小時的活動時間，做事時也會非常投入和享受。因為他們很清楚，一小時之後，自己就要繼續處於失控狀態了，所以要抓緊這一小時時間讓自己享受片刻做事的快樂，而不會再考慮是不是能做好、做完美。

這就是「順其自然」，目的是說明有強迫症狀的人接納自己也有做不到的事情，而不是強迫自己一定把事情做到完美。在這期間，每天允許患者有一小時的做事時間，是為了讓患者能夠集中精力，專注於當下的事情，而不再是強迫自己必須把事情做到什麼程度，這叫「為所當為」。如此反復一周左右，很多人很快就結束了治療，並表示自己會好好珍惜做事的機會，體會做事的樂趣。

我的這位朋友說他想用這種方法緩解一下自己的焦慮狀態，但我認為沒有必要，因為他還沒有到達需要運用「森田療法」治療的程度。不過，我還是給了他一些建議，讓他去找些支持性的資源來幫助緩解自己，比如去找自己的心理諮詢師聊聊這個部分。

體驗獨處

通過以上我的兩位朋友的獨處方式，我們發現，獨處有時會讓我們感到愉悅，有時也會讓我們非常煎熬。如果你沒有特別深刻地體驗過獨處的感覺，那麼我們就一起來做一個冥想，通過冥想來體驗一下。

自我探索練習

現在，請和我一起展開想像。假如你此刻正在一片森林中獨自行走，忽然跌入了一口很深的枯井之中，周圍沒有人看到你，更不可能有人過來幫你，可謂「叫天不應、叫地不靈」。這時，你會是什麼感覺？

我相信，此刻你一定會感到很無助、很絕望，也會很害怕，甚至會抓狂地大聲嚎叫，希望周圍經過的人能聽見並把自己救出去。但折騰一番後，你發現這一切都是徒勞，周圍根本沒有人能幫到你。

對此，不同的人可能會產生不同的念頭：有的人覺得「算了，反正也出不去了，我就『躺平』，祈禱有人來救我吧」。而大多數人會強迫自己平靜下來，然後積極尋找自救的方法。不同的想法和情緒會決定你接下來做出不同的行為。想要尋找出路、實現自救的人，當下只會專注於一件事，就是積極地讓自己投入尋找自救方法的狀態中。

那麼，想一想，處在困境中的你會怎麼做？

我相信在這個時候，人的感覺器官都會特別靈敏，想像力特別強，所具備的各項機能也會得到最好的發揮，甚至會超越潛能，做出一些冒險的事或自己平時做不到的事。在這種狀態下，我們會把自己能瞭解、認知的東西統統施展出來，甚至無所不用其極地幫助自己脫離困境。

這裡有一點要注意，但凡內心中有一絲絲對他人的期盼，我們都難以發揮出自己最大的能力。這也是為什麼說成長是發生在痛苦之後，開啟於孤獨之時。因為在你沒有任何外援，不得不一個人面對困境時，你就會想方設法讓自己變得強大。

以上是冥想的過程，我們可以借助這種方式，來觀察自己如何與孤獨相處。

過一種真實而豐盛的獨處

在我看來，獨處是讓自己處於一種能夠獨自處理問題的狀態。「獨自」不難理解，它表示你的身邊沒有任何外援，即使可能有一些支持你的人在默默給予你力量，但那一刻是沒有真正的客體在你身邊的。在這種情況下，你要「處理」的問題就有很多，比如你的情緒、你在那一刻與外界的關係等。

以上文陷入枯井的想像為例，一旦你陷入枯井當中，你首先要處理的就是自己恐懼、無助的情緒；其次，你還要處理自己與外在世界（枯井）之間的關係，因為此時的枯井對於你來說，不但讓你失去了自由、失去了對自我的控制，甚至還可能威脅到你的安全和生命。而要處理好與它之間關係的最好方法，就是儘快擺脫它對你的束縛。

當然也有人說，那只是個想像，現實中我根本沒有掉入枯井。的確，但是在現實生活中，我們也可能會陷入其他類似枯井的困境，當這些客觀事實發生時，你同樣要去面對自己與外界的關係，並且你的處理方式也會影響你此後與外界的關係。因為當你有了一定的經歷後，你可能開始感覺這個原本不太喜歡的世界是那麼美好，你也會更加珍惜。

所以，在我們不得不獨處的時候，我們一方面要接納自己的情緒，接納悲傷絕望，接納自怨自憐，接納焦慮不安。接納，本身已是療癒。另一方面，我們可以嘗試抱著積極的態度去觀察自己與外界，做自己的內在「父母」，完成那些我們希望父母能夠對我們做的事，嘗試讓自己成為那個恆常穩定的客體。

當我們可以做好這一切時，就能抵達恰如其分的孤獨，並且這種獨處也可能會滋養我們的生命，讓我們的生命更加豐盈。就像前文中那位喜歡探險、喜歡研究西方音樂的朋友一樣，每次獨處時，他都可以通過欣賞美景、欣賞音樂來緩解情緒，同時也可以在這個過程中與周圍的環境、與遙遠的他者形成靈魂的共振、思想的交流和精神的碰撞。

這種獨處是令人投入的、享受的，美國著名心理學家米哈里・契克森米哈伊（Mihaly Csikszentmihalyi）將這種狀態稱為「flow」，即一種經由全神貫注做事所產生的極樂的心理體驗，正向心理學家彭凱平教授將其譯為「福流」（台灣則翻譯為「心流」）。當人們從事自己喜歡的工作時，他們可以讓自己進入全神貫注的忘我狀態，從而時常遺忘當前時間的流逝和周遭環境的變化。

投入獨處可以給人帶來很多好處，但仍然有很多無法獨處的人——雖然他們也時常一個人待在家裡，似乎是在享受獨處，可是他們手機不離身，時時刻刻都要關注手機上的社交軟體，看看有沒有人找自己，生怕自己會錯過別人的消息。具有這種表現的人，內心其實有一種被忽視和被拋棄的恐懼感，害怕自己被別人忽略、被別人忘記。經常看手機，意味著能在收到資訊時及時回應，代表了他們也渴望別人這樣對待自己。

很多時候我們理解的一些事物都是相反的，就像你雖然一個人待在家裡，似乎是在享受孤獨，實際上你根本不是在享受，因為你一直在試圖通過社交軟體與外界互動，你會不斷關注周圍世界正在發生的各類事件。同樣，你也沒辦法專注於當下的孤獨體驗，沒有真正地去關注周圍的環境，更不會從中發現任何的樂趣。

真正的獨處一定是能夠投入其中、享受其中的，是能夠讓自己獲得一種被滋養的感覺的。哪怕你只是認真地看了一本書，這本書帶給你的思考、你與作者之間的精神交流，都可以給你的生活帶來某種啟示。或者哪怕你只在家裡進行一些簡單的創造，如寫字、畫一幅畫、做一頓美味的晚餐，都是在把內心中的想法或靈感付諸實際。你所做的這一切，也都是在處理與外界的關係，或者說你能夠感受到這些關係，這正是因為你的內在有一個比較穩定的客體關係存在。

反之，不能獨處也意味著內在客體關係是不穩定的。就像一個人經常看手機，表面上看是希望能及時回應他人的資訊、重視他人，其實他重視的是自己被他人對待的方式，或者是對方回應自己的速度，又或是自己的回應速度會不會影響對方。簡單來說，他只是在扮演著一個可以快速回應他人的人，實際上，這類人的世界裡只有他自己和他想像的人而已，這種感覺是非常孤單的。

真正的獨處一定是能夠讓人在獨處中感受到力量，不管是專注地做一件事，還是進行一些創造，內心都是豐盈而穩定的，而且這種感受也會是你生命中不可或缺的感受。這樣的獨處，才是讓人喜歡、讓人享受的獨處。

26 如何與外在世界相處

內心世界如何，外在世界就如何

你也許聽過關於蘇東坡和佛印禪師的故事，雖然這個故事屬於坊間流傳，真實性有待考證，但很能說明我們這一篇的主題。

有一次，蘇東坡到金山寺與佛印禪師打坐參禪，蘇東坡一時心血來潮，就問佛印：「禪師，你看我坐禪的樣子怎麼樣？」

佛印禪師看了看蘇東坡，點頭稱讚道：「很莊嚴，像一尊佛。」得到禪師的讚賞，蘇東坡心情大悅。

接著，佛印禪師問蘇東坡：「蘇學士，你看我坐禪如何呢？」

蘇東坡想捉弄一下佛印，於是揶揄道：「就像一堆糞。」說完還不忘哈哈大笑。佛印禪師聽完，也不動氣，只是置之一笑。

回到家後，蘇東坡把這件事告訴了妹妹蘇小妹，還不忘炫耀說：「今天我贏了佛印禪師！」沒想到蘇小妹聽完後，不以為然地說：「哥哥，其實今天是你輸了。禪師心中有佛，所以看你才像佛；你心中有糞，所以看禪師才像糞。」

這個回答所傳達的含義是：你看待世界的樣子，便是你內心的樣子。你看這個世界覺得到處都充滿了攻擊、危險或種種不堪，那麼說明你內在的世界原本就是如此，因為外在世界正是我們內心世界的投射。你內心的世界如何，外在世界就如何，內心世界和外在世界之間是相互匹配的。

很多人小時候如果得到一個好玩的、別人沒有的玩具，必定要讓別人知道，原因就是他想試試這件玩具是不是可以讓別人羨慕自己，從而更加認同自己。長大後，他們又穿上名牌服裝到人群中炫耀，原因也是希望能得到外界的肯定和認同。很多人執著於奢侈品名牌，不穿戴奢侈品便覺得低人一等，究其原因可能是幼年時的自我認同沒能很好完成，因此長大後才會在與外界的關系中不斷尋求認同。

這一點與蘇東坡和佛印禪師之間發生的故事很相似。在這個過程中，蘇東坡想要得到佛印的認同；而同時，他又想通過嘲弄佛印的方式來獲得自我認同。相比之下，佛印禪師的內心就強大多了。這也反映出了二人不同的內心世界，內心世界是什麼樣子，看到的外在世界就會是什麼樣子。

自我認同與外在世界

◇什麼是自我認同

心理學上有個詞叫自我認同，意思是能夠理智地看待並接受自己以及外界，熱愛生活，不會整天沉浸在悲歎、抱怨和悔恨之中，而且能奮發向上，積極獨立，有明確的人生目標，並在追求和逐漸接近目標的過程中體驗到自我價值及社會的承認和讚許。簡單來說，自我認同就是對自己的認知和評價，是一個人自我接納和自我認可的程度。

一個人的自我認同從童年時期就開始形成了，在童年時期，如果你的父母一直把你當成寶寶，並按照對待寶寶的方式對待你，那麼你就會把自己認同為一個寶寶。在其他的人際關係中，你可能會很自然地把別人對待自己的方式解讀為「我是個寶寶，他們應該按照對待寶寶的方式對待我」。在這種自我認同下，你會認為關係中的很多人都對你非常友愛和關照。

如果你一開始就認定自己是個很糟糕的人，帶著這種認同去觀察周圍，你不僅會害怕周圍人把你當成一個糟糕的人來看待，並且一旦受到別人一點點不一樣的對待，你就會認為別人在故意傷害你。為了保護自己，同時也為了維護自己的自尊心，你會裝出一副滿不在乎、不屑一顧的姿態來對待他人。

實際上，這可能只是你極度自卑的一種體現。在生活中，你的全部意義就是維護自己的自尊，在任何一段關係裡，只要發現別人有不尊重你的地方，你就會反應強烈。因為這種不被尊重、不被很好對待的感覺，對你來說可能比死還要痛苦。

我研究關係心理學，關係心理學所指向的就是我們與世界、與他人之間的關係，以及與他人之間是如何互動的。現實世界的歸屬我們可能無從得知，但我們的世界一定是屬於自己的。無論這個世界客觀存在是什麼樣子，我們都可以自己決定這個世界對我們的意義。

◇情緒ABC理論

心理學上有個著名理論，叫情緒ABC理論，是由美國心理學家亞伯·艾里斯（Albert Ellis）創建。它的意思是說：激發事件A與結果C不是直接相關的，中間還有一個橋樑B。舉個例子，同樣是面對堵車事件A，如果中間的信念B是「堵車就是浪費我時間」，那麼結果C自然是負面的，我們覺得當下這段時間被浪費了，因為會出現焦慮和煩躁。然而，如果我們的中間信念B是「堵車讓我有了休息放鬆一下的機會」，那麼結果C將帶給我們比較放鬆的體驗，比如我們會聽聽廣播、看看新聞等。

從前因到後果之間會經過橋樑B，也就是我們對面臨情境的評價與解釋。而即使在同一情境下，不同人的理念、評價和解釋也都不盡相同。

艾里斯認為，正是因為人們經常有一些不合理的信念，才會讓自己產生情緒困擾。如果這些不合理的信念存在時間過久，還會引起情緒障礙。

所以很多時候，你覺得這個世界對你不好、不公平，其實世界本身無所謂公平與否，更

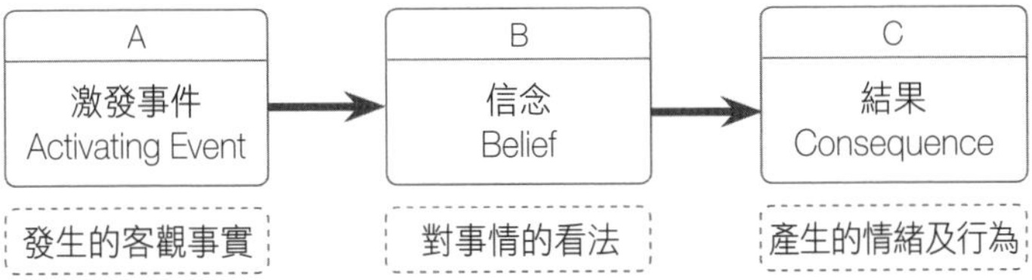

情緒 ABC 流程圖

多是取決於你對待這個世界的態度。當你改變了對世界的態度、對周圍人的態度，這個世界和你周圍的人也會發生改變。

舉個例子，如果一位女性總是對男性抱著白馬王子般的憧憬，或者過於理想化男性，那就意味著她對男性以及彼此的親密關係有了更多期待，比如期待對方把自己當成寶寶一樣對待，並且會真的按照這個理想化的樣本去尋找對象。

但我們知道，理想化的事物在現實中是不存在的，所以她在現實中體驗到的也只會是各種「糟糕」的對待。一旦她認為對方會傷害她，就會產生防備心理，甚至在內心中對男性重新定義，認為「男人沒有一個好東西」。在這種心理影響下，她面對男性時也不再坦誠，而是會戰戰兢兢，生怕對方再次傷害自己。

我有一位女性朋友，曾經跟我分享過她的經歷。在她小時候，她的父親很嚴厲，並且經常對她百般挑剔，認為她什麼都做不好，這種教育方式嚴重影響了她的自我認知。長大後，即使她越來越優秀，但只要面對領導或者是一些職位比她高的男性，她就感到緊張、害怕，擔心自己做錯事、說錯話。至於領導讓她做什麼、怎麼對待她，統統不重要，重要的是對方是領導身分，或者是一個權威身分，她的這種緊張、害怕反應就會出現。這就是一種防禦性反應，目的是避免對方給自己造成傷害，於是將自己保護起來。但如果我們總是把世界想像成危險的，那麼看到的也一定是它危險的一面，而且我們對待世界的方式也一定是對待危險的方式。

再舉個例子，有些女性特別害怕被家暴，於是在尋找伴侶時會特意將這一點強調出來。這本身沒什麼問題，但由於她們內心過於害怕並有所防禦，因此即使伴侶並沒有家暴傾向和行為，只是在生活中偶爾出現情緒問題，她們都會覺得這是個危險的信號，對方要以暴力的方式對待自己了，繼而也會反應過度。如果總是對這個問題反應過度，久而久之，也會讓對方變得異常敏感，甚至心裡產生反感情緒，而反感後可能就會發脾氣，於是，家暴也許就真的開始了。

這種行為在心理學上被稱為毀掉關係，因為它讓你慢慢地將內心中一個糟糕的客體或你恐懼的客體投射到別人身上，而別人也會漸漸認同這個客體，這一點在親密關係中表現得尤為明顯。就像我們常說好孩子是肯定出來的，越是指責、批評孩子，就會讓孩子的表現越來越差。

這是投射認同的一種表現。在整個過程中，你向外在世界投射出去的是什麼，外在世界就會認同什麼，同時還會把這種認同回饋給你。所以我們說，所有的關係都是雙方合謀的結果。

當你對世界善意以待，世界也會善意待你

我經常會舉關於家暴的例子，是因為家暴在家庭關係中是一個典型的多元性問題，有些人遭遇家暴並不完全屬於家暴者的責任。我在與一些被家暴者溝通時，問她們：「你在選擇伴侶時，知道他會家暴嗎？」她們會說：「就因為我怕家暴，所以才選擇了一個老實人，並且還特別跟他強調，如果有一天他家暴我，我立刻離婚。」但事實上，最後依然發生了讓她們害怕的事情。

原因是什麼呢？

我在跟這些女性深入溝通後發現，她們其實很清楚每一步會發生什麼，也很清楚自己哪句話會激怒對方。但有意思的是，她們偏偏要去激怒、惹火對方，並且還要求對方不能家暴自己。這就像周星馳的那部電影《九品芝麻官》中，一個叫方唐鏡的律師在極力挑釁周星馳所扮演的包龍星時，大聲嚷嚷：「我就是這樣，有本事你打我呀！」結果被包龍星暴揍了一通。打完後，包龍星攤攤手對周圍的人說：「是他叫我打的啊，我從來沒遇到過這樣的訴求！」

在實際生活的關係中，這種情況很常見，一些被家暴的女性在講述家暴過程時，她們會義憤填膺地說：「那個臭男人，我看到他眼睛一瞪，就知道他可能要對我動手！我才不怕他，憑什麼我要忍讓他？我就要衝到他面前罵他『有本事你今天就打死我！你不打死我，你就不

是男人……』」所以接下來，大家都知道發生什麼了吧？

在任何一段關係中，每個人彼此間都要承擔一部分責任。當然，無論從道德上還是法律上講，家暴者一定是不對的，但我們的世界、我們所擁有的關係並不是非對即錯，我們需要的是在關系當中如何更舒適地存在，讓這段關係更好地滋養我們，讓我們去體會更加美好的人生，而不是糾結其中誰對誰錯。所以在關係中，我們要如何承擔自己的那部分責任、如何創造一個更有益於彼此的關係，是很重要的。如果你在一段關係中處處碰壁、事事不順，那麼你可能需要認真思考一下，自己是否真的適合一直待在這段關係中？如果不行，就要嘗試換一種方式。

也就是說，我們要有重新看待自己、覺察自己的勇氣，並且問問自己：是選擇繼續對這個世界充滿惡意，同時也被這個世界惡意地對待，還是願意打破當前的境遇，重新創造一個充滿善意的世界？這就是我們常說的「打破舒適圈」。「舒適圈」其實就是一種習慣，也可以叫強迫性重複，它不需要你花費太多力氣和精力就能待在裡面安身立命。或者說，舒適圈就是由我們的很多防禦方式組成的圈層，只有我們自己主動行動，才有可能將其打破。否則，你會永遠待在其中。

不過，你也不必因此評判自己。前段時間有一位朋友問我說，自己一直離不開一段關係，而這段關係又特別消耗自己，該怎麼辦？我告訴他，那是因為這段關係是他自己需要的。他只要待在裡面，就會讓自己顯得很無助、很高尚，這正是他需要的感覺。如果這段關係沒有了，他就很難找到一個可以與他更匹配的關係了。

當我們不願意繼續現狀，又沒有力量改變時，我們就很想要逃避。待在一段明顯消耗自己的關係中，也可以理解為是一種逃避，這段關係就是你的舒適圈，是你如今的保護傘。現階段，待在這個關係裡一定比結束這段關係對你而言更有益處，所以你才會待在這裡。趨利避害是人的本能，我們的一切選擇一定是當下最優的選擇。

總而言之，對於每個人的人生來說，你如何擁抱世界，世界就會如何擁抱你。你可以體會一下：每天早晨醒來，你是全副武裝、對世界保持警惕的，還是柔軟放鬆、對世界充滿善意的？如果你一起床就開始抱怨世界，那就是全副武裝的狀態；如果你一起來就感覺美好的一天又開始了，你又可以發現很多有趣的東西、擁抱美好的世界了，那就是柔軟放鬆的狀態，你對世界也會充滿善意。而當你能夠充滿善意地對待世界時，你會發現很多美好的事情會不斷發生，你也會被這個世界溫柔相待。

國家圖書館出版品預行編目資料

恰如其分的孤獨：在關係中自由進退，獨處不孤單，群處也不落寞 / 胡慎之著. -- 初版. -- 台北市：啟示出版：英屬蓋曼群島商家庭傳媒股份有限公司城邦分公司發行, 2024.06
面； 公分. -- (Talent系列 ; 60)

ISBN 978-626-7257-40-1(平裝)

1.CST: 孤獨感 2.CST: 社會心理學 3.CST: 人際關係

176.52 113006267

線上版讀者回函卡

Talent系列60

恰如其分的孤獨：在關係中自由進退，獨處不孤單，群處也不落寞

作　　者／胡慎之
企畫選書人／周品淳
總 編 輯／彭之琬
責任編輯／周品淳

版　　權／吳亭儀、江欣瑜
行銷業務／周佑潔、周佳葳、林詩富、吳藝佳
總 經 理／彭之琬
事業群總經理／黃淑貞
發 行 人／何飛鵬
法律顧問／元禾法律事務所王子文律師
出　　版／啟示出版
台北市南港區昆陽街 16 號 4 樓
電話：(02) 25007008　傳真：(02)25007759
E-mail:bwp.service@cite.com.tw
發　　行／英屬蓋曼群島商家庭傳媒股份有限公司城邦分公司
台北市南港區昆陽街 16 號 8 樓
書虫客服服務專線：02-25007718；25007719
服務時間：週一至週五上午09:30-12:00；下午13:30-17:00
24小時傳真專線：02-25001990；25001991
劃撥帳號：19863813；戶名：書虫股份有限公司
讀者服務信箱：service@readingclub.com.tw
城邦讀書花園：www.cite.com.tw
香港發行所／城邦（香港）出版集團有限公司
香港九龍土瓜灣土瓜灣道86號順聯工業大廈6樓A室
電話：(852)25086231　傳真：(852)25789337　E-MAIL：hkcite@biznetvigator.com
馬新發行所／城邦（馬新）出版集團【Cite (M) Sdn Bhd】
41, Jalan Radin Anum, Bandar Baru Sri Petaling, 57000 Kuala Lumpur, Malaysia.
電話：(603) 90578822　傳真：(603) 90576622
Email: cite@cite.com.my

封面設計／王舒玗
排　　版／芯澤有限公司
印　　刷／韋懋印刷事業有限公司

■2024 年 6 月 18 日初版

Printed in Taiwan

定價380元

本書繁體版由四川一覽文化傳播廣告有限公司代理，經北京光塵文化傳播有限公司授權出版。

城邦讀書花園
www.cite.com.tw

著作權所有，翻印必究 ISBN 978-626-7257-40-1

啟示出版
Apocalypse Press

廣告回函
北區郵政管理登記證
北臺字第000791號
郵資已付，免貼郵票

115　台北市南港區昆陽街16號4樓

英屬蓋曼群島商家庭傳媒股份有限公司城邦分公司　收

請沿虛線對摺，謝謝！

啟示出版
Apocalypse Press

書號：1MB060　　書名：恰如其分的孤獨

請於此處用膠水黏貼

啟示出版 Apocalypse Press

讀者回函卡

感謝您購買我們出版的書籍！請費心填寫此回函卡，我們將不定期寄上城邦集團最新的出版訊息。

姓名：______________________________ 性別：☐男 ☐女

生日：西元__________年__________月__________日

地址：____

聯絡電話：____________________ 傳真：________________

E-mail ：

學歷：☐ 1. 小學 ☐ 2. 國中 ☐ 3. 高中 ☐ 4. 大學 ☐ 5. 研究所以上

職業：☐ 1. 學生 ☐ 2. 軍公教 ☐ 3. 服務 ☐ 4. 金融 ☐ 5. 製造 ☐ 6. 資訊

☐ 7. 傳播 ☐ 8. 自由業 ☐ 9. 農漁牧 ☐ 10. 家管 ☐ 11. 退休

☐ 12. 其他______________________________________

您從何種方式得知本書消息？

☐ 1. 書店 ☐ 2. 網路 ☐ 3. 報紙 ☐ 4. 雜誌 ☐ 5. 廣播 ☐ 6. 電視

☐ 7. 親友推薦 ☐ 8. 其他____________________________

您通常以何種方式購書？

☐ 1. 書店 ☐ 2. 網路 ☐ 3. 傳真訂購 ☐ 4. 郵局劃撥 ☐ 5. 其他______

您喜歡閱讀那些類別的書籍？

☐ 1. 財經商業 ☐ 2. 自然科學 ☐ 3. 歷史 ☐ 4. 法律 ☐ 5. 文學

☐ 6. 休閒旅遊 ☐ 7. 小說 ☐ 8. 人物傳記 ☐ 9. 生活、勵志 ☐ 10. 其他

對我們的建議：______________________________________

____

____

【為提供訂購、行銷、客戶管理或其他合於營業登記項目或章程所定業務之目的，城邦出版人集團（即英屬蓋曼群島商家庭傳媒（股）公司城邦分公司、城邦文化事業（股）公司），於本集團之營運期間及地區內，將以電郵、傳真、電話、簡訊、郵寄或其他公告方式利用您提供之資料（資料類別：C001、C002、C003、C011 等）。利用對象除本集團外，亦可能包括相關服務的協力機構。如您有依個資法第三條或其他需服務之處，得致電本公司客服中心電話 02-25007718 請求協助。相關資料如為非必要項目，不提供亦不影響您的權益。】

1.C001 辨識個人者：如消費者之姓名、地址、電話、電子郵件等資訊。

2.C002 辨識財務者：如信用卡或轉帳帳戶資訊。

3.C003 政府資料中之辨識者：如身分證字號或護照號碼（外國人）。

4.C011 個人描述：如性別、國籍、出生年月日。

請於此處用膠水黏貼